Thomas Breisig

Entlohnen und Führen mit Zielvereinbarungen

HANDBÜCHER FÜR DIE UNTERNEHMENSPRAXIS

Thomas Breisig

Entlohnen und Führen mit Zielvereinbarungen

Orientierungs- und Gestaltungshilfen
für Betriebs- und Personalräte
sowie für Personalverantwortliche

Bund-Verlag

Die Deutsche Bibliothek – CIP-Einheitsaufnahme

Breisig, Thomas:
Entlohnen und Führen mit Zielvereinbarungen: Orientierungs- und Gestaltungshilfen für Betriebs- und Personalräte sowie für Personalverantwortliche / Thomas Breisig. – Frankfurt am Main: Bund-Verl., 2000
ISBN 3-7663-2955-3

Herstellung: Christel Lampe, Frankfurt am Main
Umschlag: Angelika Richter, Heidesheim
Satz: Dörlemann Satz, Lemförde
Druck: Clausen & Bosse, Leck
Printed in Germany 2000
ISBN 3-7663-2955-3

Inhaltsverzeichnis

Abkürzungsverzeichnis

ABR	Gerichtliches Registerzeichen (Rechtsbeschwerde)
Abs.	Absatz
Abt.	Abteilung
AOK	Allgemeine Ortskrankenkasse(n)
AP	Arbeitsrechtliche Praxis
Art.	Artikel
AT	Außertarifliche (Angestellte)
Aufl.	Auflage
AZR	Gerichtliches Registerzeichen (Revisionen)
BAG	Bundesarbeitsgericht
BAT	Bundes-Angestelltentarifvertrag
BB	Der Betriebs-Berater
BBG	Bundesbeamtengesetz
BetrVG	Betriebsverfassungsgesetz
BLV	Bundeslaufbahnverordnung
BPersVG	Bundespersonalvertretungsgesetz
BR	Betriebsrat
BR/PR	Betriebs- bzw. Personalrat
BRRG	Beamtenrechtsrahmengesetz
BV	Betriebsvereinbarung
BV/DV	Betriebs- bzw. Dienstvereinbarung
DGB	Deutscher Gewerkschaftsbund
Diss.	Dissertation
DV	Dienstvereinbarung
E	Entgeltgruppe
ELOV	Ergebnis- und leistungsorientierte variable Vergütung
f./ff.	folgende
GBR	Gesamtbetriebsrat
GG	Grundgesetz
HBV	Gewerkschaft Handel, Banken und Versicherungen
Hrsg.	Herausgeber
hrsg.	herausgegeben
IG	Industriegewerkschaft
MAG	Mitarbeitergespräch
MBO/MbO	Management by objectives
MTV	Mantel-Tarifvertrag

NBBS	Neues Bewertungs- und Bezahlungssystem
NFZ	Neue Form der Zusammenarbeit
o.J.	ohne Jahr
o.O.	ohne Ort
o.V.	ohne Verfasser
ÖTV	Gewerkschaft Öffentliche Dienste, Transport und Verkehr
PR	Personalrat
RN	Randnummer
S.	Seite/Satz
Sp.	Spalte
TaBV	Gerichtliches Registerzeichen (Beschwerdesachen im Beschlußverfahren)
T.B.	Thomas Breisig
u.	und
vgl.	vergleiche
Z.	Ziffer
zit.	zitiert
ZV	Zielvereinbarung

Verzeichnis der Übersichten

1. Einleitung/Aufbau des Buches

Zielvereinbarungen sind »in«

Bei Zielvereinbarungen treffen Vorgesetzte mit ihren Mitarbeiter/innen oder ganzen Teams Abmachungen über (von den einzelnen Beschäftigten bzw. Gruppen) anzustrebende Ziele. Es handelt sich dabei um ein Führungsinstrument, das auch zu Zwecken der (leistungsorientierten) Entlohnungsgestaltung genutzt werden kann, aber nicht muß.

Zielorientierte Führungs- und/oder Entlohnungskonzepte sind für den Bereich höherrangiger Führungskräfte bereits seit längerem bekannt, z.B. bis zur Ebene Hauptabteilungsleiter/in oder Abteilungsleiter/in (vgl. etwa Knebel 1984). Auch soziologische Untersuchungen unter hochqualifizierten Angestellten ergaben, daß in diesen Beschäftigtengruppen spätestens seit Beginn der 80er Jahre Zielvereinbarungskonzepte und daran gekoppelte Vergütungskomponenten weit verbreitet sind (vgl. Baethge/Denkinger/Kadritzke 1995, S. 98ff.). Ebenso werden sie seit vielen Jahren oder gar Jahrzehnten bei Positionen an der Schnittstelle Unternehmen/Markt (z.B. Verkaufsförderung, Außendienst) eingesetzt. *Jüngeren Datums* ist nunmehr ein gewisser Trend, Zielvereinbarungen auch für die Beschäftigten auf mittleren und unteren Ebenen einzuführen (vgl. auch Ehlscheid u.a. 1997b, S. 491)[1], sie also zu einem alle Ebenen und Bereiche umfassenden, flächendeckenden Führungs- und Steuerungsverfahren zu machen.

Damit gehören Zielvereinbarungen auf dem lukrativen »Markt« neuer Führungs- und Managementkonzepte mit deutlich wachsender Tendenz zu den am höchsten gehandelten und mit großen Erwartungen verbundenen Instrumenten. Unternehmen aller Größenklassen und Branchen wie auch neuerdings Behörden und andere Organisationen aus dem öffentlichen Sektor versprechen sich davon einen ebenso effizienten wie flexiblen Steuerungsmechanismus der Unternehmensaktivitäten, der noch dazu partizipative Komponenten enthält und insofern

---

1 Diese Entwicklung wird sichtbar gefördert durch namhafte industrienahe Institutionen wie den REFA-Verband für Arbeitsstudien und Betriebsorganisation (1995) oder das Institut für angewandte Arbeitswissenschaft (1994).

den Bedürfnissen und Interessen der Beschäftigten entgegen kommen kann (vgl. ausführlich Schau 1998).

Was sind die Erwartungen?

Die gestiegene Attraktivität von Zielvereinbarungen läßt sich durch folgende Erwartungen der Initiator/innen erklären:

- Durch Ziele und Zielvereinbarungen lassen sich Unternehmen und andere Organisationen besser und flexibler steuern als durch klassische Führungsinstrumente wie hierarchische Anweisungen und starre Programme oder Richtlinien. Die Beweglichkeit im Sinne der ständigen Anpassungsfähigkeit an die sich ändernden Umwelt- und Rahmenbedingungen wird gestärkt.
- Miteinander verzahnte und vernetzte Zielvereinbarungen bis »hinunter« zur Basis der Hierarchie versprechen stringente Umsetzungen der Unternehmensplanung im Sinne der Controlling-Idee.[2]
- Durch Ziel*vereinbarung* lassen sich die Beschäftigten stärker auf die Zielerreichung verpflichten. Die Mit-Beeinflussung der für sie maßgeblichen Zielgrößen gewährleistet die Übernahme von mehr Eigenverantwortung, Handlungsspielräume bei den Wegen zur Zielerreichung, die Reduzierung von Kontrollen sowie als Folge dieser Aspekte eine stärkere Motivation und Identifikation der Mitarbeiter/innen mit »ihren« Zielen/Aufgaben bzw. dem Unternehmen:
  »Damit soll das Bedürfnis der Mitarbeiter, sich für deutliche und motivierende Ziele einsetzen zu können, sinnvolle Arbeit zu verrichten und selbst den Leistungserfolg beurteilen zu können, verbunden werden mit den Sachzielen der Organisation als Ganzem« (Knebel 1984, S. 187).
- Zielvereinbarung und Leistungsbeurteilung wachsen eng zusammen, was sich vornehmlich aus den Funktionsproblemen der bisherigen Verfahren der Personalbeurteilung mit ihren klobigen, pauschalen und beliebig auslegbaren Kriteriensystemen ergibt (vgl. ausführlichst Breisig 1998).
- Mit einer Verkopplung von Zielerreichungsgraden der einzelnen Mitarbeiter/innen oder Teams und Teilen des Entgelts läßt sich eine

---

2 Vgl. dazu genauer Abschnitt 2.4 dieses Buches.

stärkere Leistungsorientierung in der Entlohnung umsetzen, die die Beschäftigten ebenfalls zu einer höheren Leistungsmotivation veranlaßt.

- Zielvereinbarungen lassen sich als integraler Bestandteil in umfassendere moderne Managementkonzepte sowie in organisatorische Strategien der Dezentralisierung[3] einfügen. Beispiele sind etwa Ansätze des Qualitätsmanagements (z.B. »Total Quality Management«), weil diese häufig auf die zahlenmäßige Erfassung qualitätsrelevanter Kriterien abheben. Aber auch andere Konzepte wie »Corporate Identity«, »Kontinuierlicher Verbesserungsprozeß« oder dergleichen können als »Dach« für die Einführung von Zielvereinbarungs-Konzepten fungieren.[4]

Herausforderung für Interessenvertretungen

Für die Gewerkschaften und die Betriebs- und Personalräte waren Zielvereinbarungen so lange ein eher randständiges Thema, als nur Teilbereiche der Unternehmen bzw. Organisationen und noch dazu eher in den höheren Hierarchie- und Bezahlungsregionen betroffen waren. Die um sich greifende Initiative vieler Unternehmen und anderer Organisationen stellt die Interessenvertretungen daher vor eine neue Herausforderung großen Ausmaßes. Mit den Zielvereinbarungen tritt eine weitere Form der Regulierung von Leistung und ggf. auch Entgelt neben den Arbeitsvertrag und kollektive Verträge wie Betriebs- bzw. Dienstvereinbarungen und Tarifverträge (vgl. Tondorf 1998a, S. 386). Damit stellen sich viele gravierende Fragen:

- Wie funktionieren die Konzepte der Zielvereinbarung genau?
- Sind sie alle gleich oder gibt es Unterschiede und Varianten?
- Was sind ihre wissenschaftlichen Hintergründe, ihre Funktionsvoraussetzungen und Wirkungsmechanismen?
- Welche Ziele sollen damit erreicht werden?
- Welche übergeordneten Managementkonzepte stecken dahinter?
- Welche Schwierigkeiten, Probleme, Risiken sind mit diesem Instrument verbunden, aus Sicht der Funktionsfähigkeit und Praktika-

3 Mit Bildung teilautonomer Einheiten wie Profit Center oder Teams.

4 Vgl. z.B. Schau (1998); Hirschfelder (1998).

bilität sowie insbesondere im Hinblick auf die Interessen der Beschäftigten?
- Welche positiven Momente, welche Chancen können Zielvereinbarungen den Unternehmen, insbesondere aber auch den Mitarbeiter/innen tatsächlich bieten?
- Wie verhalten sich Zielvereinbarungen praktisch und rechtlich zu den anderen Instrumenten und Ebenen der Leistungs- und Entgeltregulierung (Arbeitsverträge, Betriebs-/Dienstvereinbarungen, Tarifverträge)?
- Welche Rechte der Mitarbeiter/innen und welche Mitbestimmungsrechte der Betriebs- und Personalräte werden von Zielvereinbarungen berührt?
- Was können die Interessenvertretungen tun, wenn sie mit einer Zielvereinbarungs-Initiative des Arbeitgebers konfrontiert werden?
- Welche Gestaltungs- und Regelungspunkte (für Betriebs- und Dienstvereinbarungen) sind wichtig bzw. zu bedenken?
- Welche Gestaltungs- und Regelungsvarianten in den einzelnen Punkten bieten sich je nach Situation und Kalkül der Akteure an?
- Gibt es bereits Erfahrungen und Regelungsbeispiele, wie mit Zielvereinbarungen umgegangen werden kann?

Das vorliegende Buch sucht nach ersten Antworten auf diese Fragen und ist insofern als Orientierungs- und Gestaltungshilfe für alle gedacht, die mit der Gestaltung von Zielvereinbarungs-Modellen und deren Rahmenbedingungen zu tun haben. Dabei steht die Perspektive der Interessenvertretungen der Arbeitnehmer/innen (Betriebs- und Personalräte) im Vordergrund.
Die einzelnen Arbeitsschritte sind wie folgt:

Arbeitsschritte/Aufbau des Buchs

Im zweiten Kapitel wird zunächst der Zielvereinbarungsbegriff näher abgeklärt. Ziele und Funktionen, Kernelemente sowie die konzeptionellen und theoretischen Hintergründe des Instruments werden beleuchtet.

Zur Veranschaulichung der zuvor etwas abstrakten Erläuterungen folgen im dritten Kapitel zwei Praxisbeispiele aus dem Dienstleistungsbereich.

Ausführlich werden anschließend die Chancen und Risiken von Zielvereinbarungs-Konzepten für die Betroffenen aufgezeigt und diskutiert. Dabei wird im Risiken-Teil zwischen praktisch-konzeptionellen Problemen der Zielvereinbarungen und Risiken für die Interessen der Arbeitnehmer/innen differenziert (Kapitel 4).

Thema des darauf folgenden fünften Kapitels sind die bisher auffindbaren, spärlichen und uneinheitlichen Positionen der Gewerkschaften zum Thema Zielvereinbarungen sowie eine relativ ausführliche Behandlung der einschlägigen Mitbestimmungsrechte der Betriebs- und Personalräte sowie der Rechte der einzelnen betroffenen Mitarbeiter/innen.

Kapitel sechs hat die ausführliche Erörterung und Diskussion von insgesamt 19 gestaltungsrelevanten Punkten bei Zielvereinbarungs-Konzepten zum Gegenstand.

Schließlich werden eine Reihe von bereits existierenden Regelwerken, die allein oder unter anderem mit Zielvereinbarungen zu tun haben, zur Exemplifizierung und Veranschaulichung für die in Gestaltungsprozesse eingebundenen Praktiker/innen dargestellt.

2. Begriff, Funktionen und Hintergründe von Zielvereinbarungen

2.1 Begriffliche Basis

Verschiedene Typen

»Zielvereinbarung« ist ein sehr schillernder Begriff. Darunter firmieren in der Praxis die verschiedensten Dinge; so z.B.:[5]

- Zielvereinbarung als *Führungsinstrument und Basis der Personalbeurteilung* ohne Bezug zum Entgelt.
  Im Rahmen von Mitarbeitergesprächen werden gemeinsam Ziele für den Arbeitsbereich der Mitarbeiterin/des Mitarbeiters festgelegt. Oft werden die problembehafteten klassischen Beurteilungskonzepte[6] durch zielorientierte Verfahren ersetzt bzw. beide Formen miteinander kombiniert. Die Ziele kommen weniger aus dem Bereich des Controllings bzw. der Unternehmensplanung, sondern sind von den jeweiligen Aufgaben der Mitarbeiter/innen abgeleitet (teilweise dokumentiert in Stellenbeschreibungen). Die Zielerreichungsgrade können (nicht müssen) als Entscheidungsgrundlage im Hinblick auf personelle Entscheidungen oder Teilnahme an Personalentwicklungs-Maßnahmen dienen. Häufig fungieren solche Systeme als »Experimentierfeld«, um Erfahrungen zu sammeln für einen bereits angedachten Übergang zu entgeltwirksamen Zielvereinbarungen. Es wird so versucht, »die ›kulturellen Voraussetzungen‹ zu schaffen, Zielvereinbarungen ›einzuüben‹ und betrieblich salonfähig zu machen, um sie in einer nächsten Phase flächendeckend und nach Möglichkeit an das Entgelt gekoppelt einzuführen« (Hlawaty 1998, S. 43).
- Zielvereinbarung als Basis einer *leistungsorientierten Bezahlung.*
  Bei den Zielvereinbarungskonzepten mit Entlohnungsbezug lassen sich vielfältige Varianten unterscheiden. Bei den »einfacheren« leiten

5 Vgl. zum folgenden Hlawaty (1998, S. 42f.) sowie Tondorf (1998a, S. 386f.).
6 Sog. merkmalsorientierte Einstufungsverfahren. Vgl. zu den Problemen dieser Verfahren ausführlich Breisig (1998).

sich aus einem Soll/Ist-Vergleich »gelegentliche Ad-hoc-Prämien für eine gute Zielerreichung« (Hlawaty 1998, S. 43) oder nach einem formalen Schema eine Leistungszulage ab. Bei anderen erfolgt bereits eine Differenzierung der Grundentgelte, wohinter sich häufig das Ziel verbirgt, »Grundlohn- und Gehaltssysteme von senioritätsbezogenen Aufstiegsmechanismen zu ›bereinigen‹ und stärker leistungsabhängig zu gestalten« (Tondorf 1998a, S. 387).

- Zielvereinbarung als Basis eines *Quasi-Leistungslohnes.*
  Meß- oder zählbare Größen werden zwischen Vorgesetzten und Mitarbeiter/innen vereinbart und fungieren als Grundlage für eine Leistungsentlohnung im Sinne des § 87 Abs. 1 Nr. 11 BetrVG.

Zielvereinbarungen können demnach als Führungs- und/oder Entlohnungsinstrument eingesetzt werden.

Ziele und Zielvereinbarungen

Ziele sind angestrebte Ergebnisse, die durch bewußt auf sie ausgerichtetes Handeln erreicht werden sollen. Sie beschreiben somit einen für die Zukunft, in der Regel auch für einen genau angegebenen Zeitpunkt, erwünschten Soll-Zustand. Der Weg der Zielverfolgung ist für gewöhnlich nicht enthalten bzw. vorgeschrieben.

Die Ziel*vereinbarung* ist eine spezifische Form der Festlegung von Zielen als zukunftsbezogene Steuerungsgrößen der Leistung und des Verhaltens der Mitarbeiter/innen, die sich maßgeblich von einer Zielvorgabe im Rahmen hierarchischer Beziehungen unterscheidet (zumindest unterscheiden sollte):

»Das zentrale Merkmal der Zielvereinbarung liegt in der gemeinsamen Festlegung von Zielen zwischen Vorgesetzten und untergeordneten Mitarbeitern. Es werden konkrete Verantwortungsbereiche für bestimmte Ergebnisse vereinbart, auf deren Basis die Arbeit geführt und die Leistungsbeiträge des einzelnen bewertet werden. Im Rahmen von Zielvereinbarungen findet so eine Verteilung von Kompetenzen zwischen Vorgesetzten und Untergebenen statt. Wichtig ist, daß trotz der Vergabe von Kompetenzen keine Umstrukturierung der Leitung im organisatorischen Sinne stattfindet, der hierarchische Aufbau also unberührt bleibt« (Schau 1998, S. 57).

2.2 Funktionen von Zielvereinbarungs-Konzepten

Entsprechend dem breiten Einsatzspektrum von Zielvereinbarungen können mit ihnen unterschiedliche Zwecke angestrebt werden.

Personalführung/Kommunikation
Vorgesetzte/r und Mitarbeiter/innen bzw. Teams verständigen sich in einer Gesprächssituation über Leistungserwartungen, Aufgabenerfüllung sowie ggf. weitere Fragen, die sich aus der Zusammenarbeit zwischen Führungskraft und Mitarbeiter/innen ergeben. Insoweit geht es bei nahezu allen Ansätzen um den kommunikativen Austausch ggf. auch unterschiedlicher Sichtweisen und damit um typische Personalführungsziele im Sinne einer (möglichst vertrauensvollen) Kooperation.

Personalbeurteilung/-planung/-auswahl/-entwicklung
Wie bereits eingangs gesagt, fungieren Zielvereinbarungen (oder besser gesagt die Ergebnisse der Überprüfung der Zielerreichung) auch als Verfahren der Personalbeurteilung inklusive aller damit möglicherweise verbundenen Folgezwecke. Die Ausmaße der Zielerreichung können als Gradmesser für Leistung, Verhalten und ggf. sogar Aufstiegs- und Entwicklungspotentiale der betreffenden Mitarbeiter/innen benutzt werden.[7] Das Zielvereinbarungsgespräch bzw. der Soll/Ist-Vergleich bietet einen Ansatz für die Vornahme einer Stärken- und Schwächenanalyse.

Als unmittelbare Folgewirkungen können Zielvereinbarungs-Konzepte auch Funktionen bedienen wie die Personalplanung im Sinne einer »Bestandsaufnahme« der Potentiale der Mitarbeiter/innen, der Einsatzplanung, der Ableitung von Entwicklungs- und Förderungsmaßnahmen für die jeweiligen Mitarbeiter/innen sowie der Personalauswahl, bei Karriereentscheidungen genauso wie bei Freisetzungen.

Entgeltpolitik, leistungsbezogene Entlohnung
Ferner werden – wie ebenfalls zu Anfang erwähnt – Zielvereinbarungen häufig und mit steigender Tendenz zu lohn- und leistungspolitischen Zwecken verwendet.

Während die reguläre Entlohnung zumindest im tariflichen Bereich über die stellenbezogene Arbeitsbewertung und daraus resultierende Eingruppierungsregelungen bewerkstelligt wird, kann die Zielverein-

7 Womit hier keineswegs behauptet werden soll, daß dies alles sinnvoll und empfehlenswert ist.

barung darüber hinaus zur Verteilung individueller (Leistungs-) Zulagen (bei Angestellten oder im Zeitlohn) oder gar als Grundlage für einen »echten« Leistungslohn im Sinne der Tarifverträge bzw. des Betriebsverfassungsgesetzes herangezogen werden. Damit wird der Anspruch einer größeren Entgeltgerechtigkeit erhoben. Über die personenunabhängige Differenzierung nach Eingruppierungen hinaus ermögliche die Verwendung unterschiedlicher Zielerreichungsgrade auch bei gleicher Eingruppierung die Berücksichtigung von Leistungsunterschieden zwischen den einzelnen Mitarbeiter/innen. Neben Gerechtigkeitskalkülen spielen in diesem Zusammenhang auch Leistungsanreize eine wichtige Rolle.

Steuerung der Leistungserstellungprozesse (Zusammenhang zu Kennzahlen-/Controlling-Systemen)
Ziele versprechen eine gewisse Planbarkeit und Koordinierung der Unternehmensaktivitäten auch und besonders in großen Unternehmen bzw. Organisationen. Sie ermöglichen eine kontrollierbare Verteilung der einzelnen Aufgaben auf die diversen Ebenen, Organisationseinheiten, Teams und ggf. auch Mitarbeiter/innen.

2.3 Kernelemente von Zielvereinbarungs-Konzepten

Zielvereinbarungs-Konzepte sind hinsichtlich ihrer Funktionen und wesentlichen Gestaltungselemente sehr unterschiedlich. Dennoch kann man einen Bestand an Kernkomponenten herausfiltern, der für Zielvereinbarungsprozesse generell charakteristisch ist.

Die beteiligten Parteien

Beteiligt sind in der Regel die/der Vorgesetzte sowie die unterstellte Mitarbeiterin/der Mitarbeiter. Im Zusammenhang mit Teamkonzepten schließen jedoch auch häufig die Vorgesetzten Zielvereinbarungen mit einer ganzen Arbeitsgruppe ab, ohne daß aus den Teamzielen individuelle Teilziele abgeleitet werden (vgl. Breisig 1997, S. 165 ff.).[8]

8 Vgl. als Beispiel für »Kontrakte« zwischen Teams und Vorgesetzten das »Total Quality Management«-Projekt in der Landeshauptstadt Saarbrücken (Hirschfelder 1998, S. 272).

Denkbar ist zudem eine Mischung von Team- und Individualzielen. Beispiele dafür bietet die variable Entgeltregelung bei der Deutschen Telekom AG (vgl. Abschnitt 7.6) oder das gerade schon in der Fußnote erwähnte Qualitätsmanagement-Projekt der Stadt Saarbrücken (Hirschfelder 1998).

Das Zielvereinbarungsgespräch

Ein unverzichtbares Element der Zielvereinbarungs-Konzepte ist der Vereinbarungsprozeß im Rahmen eines extra (offiziell) dafür einberufenen *dialogorientierten Gesprächs* zwischen Mitarbeiter/innen und Vorgesetzten.

Dabei sind im Prinzip die folgenden Vorgehensweisen denkbar (mit allen Zwischenformen):

- Die Führungskraft *gibt die Ziele quasi vor* (Umsetzung der Zielhierarchie; vgl. Abschnitt 2.4). Die Mitarbeiter/innen werden informiert und haben allenfalls die Möglichkeit zur Stellungnahme und ggf. leichte Korrekturchancen im Sinne von Vorschlägen und Beratungen, solange der vorgegebene Rahmen eingehalten wird. Auch läßt sich in diesem »autoritären« Modell über Zielerreichungsgrade (Leistungsniveaus) und Umsetzungswege, nicht aber über die Ziele selbst reden (Hlawaty/Hlawaty 1998, S. 106; Tondorf 1998b, S. 323).
- Die Mitarbeiter/innen *entwerfen »ihre« Ziele selbst*, präsentieren sie der Führungskraft und einigen sich ggf. nach Einwänden und Korrekturen auf eine Lösung. Die Führungskraft hat in diesem Ansatz sozusagen ein Einspruchs- und Genehmigungsrecht (vgl. Schau 1998, S. 61).
- Die Parteien *entwickeln unabhängig voneinander Zielvorstellungen.* Im Gespräch werden die Positionen ausgetauscht, ggf. »verhandelt« und gemeinsam unter (einigermaßen) gleichberechtigten Parteien festgelegt (manchmal als »Gegenstromverfahren« bezeichnet; vgl. Schau 1998, S. 66f.). Verhandlungsgegenstand können die Art der Ziele, die festzulegenden Zielhöhen wie auch z.B. die Überprüfungskriterien sein.

Die im Gespräch festgelegten Ziele gelten für eine feststehende Dauer (häufig ein Jahr) und werden zumeist in einem einfachen Formular festgehalten:

Formular zur Zielvereinbarung und Beurteilung								
Vereinbarung für den Zeitraum von .... bis								
Stelle .... Abteilung								
Stelleninhaber .... Vorgesetzter								
Datum .... Unterschriften								
Zielformulierung	Zielerreichnung (Beschreibung)	Gewichtung	Bewertung					Punkte
			1	2	3	4	5	
							Summe Gesamtpunkte	

Übersicht 2-1: Zielvereinbarungsformular (aus Busch 1995, S. 247)

Zugleich wird möglichst im Zielvereinbarungsgespräch bereits geklärt, anhand welcher Kriterien und Indikatoren und wie man die im Soll/Ist-Vergleich (vgl. unten) festgestellten Zielerreichungsgrade bewertet (Evers/von Hören 1996, S. 461).

Die Art der festzulegenden Ziele

Das Spektrum der potentiell »abschlußfähigen« Zielgrößen variiert erheblich. Zielvereinbarungen lassen sich theoretisch zu allen Aspekten des Arbeits- und Leistungserstellungs-Prozesses treffen. An unmittelbar ökonomisch-betriebswirtschaftlichen Größen lassen sich in erster Linie Ertrags- bzw. Marktziele sowie Kostenziele anführen. Verbreitete Beispiele sind die Erreichung bestimmter Umsätze, die Verminderung von Reklamationszahlen oder Ausschußstücken, die Erhöhung der Produktqualität, die Verbesserung des Services, das Erreichen eines Produktionspensums, die Verminderung von Durchlaufzeiten, die Reduktion von Kosten aller Art usw.

Weitere Zielgrößen können sich auf die Erfüllung von Standardaufgaben, bestimmte Projekte oder auch persönliche Entwicklungsziele (z.B. Einarbeiten in ein neues Aufgabengebiet, Erlangung oder Erweiterung bestimmter Qualifikationen) beziehen.

Die beispielhafte Übersicht 2-2 möglicher Zieldimensionen entstammt den Diskussionen über Potententiale sog. »Neuer Steuerungsmodelle« für Organisationen des öffentlichen Dienstes.

Ziele sollen möglichst klar und konkret sein und auf einen ebenso eindeutigen und beiden Parteien bekannten Zeitraum bezogen werden. Sie sind zumeist quantitativer, können aber auch qualitativer Natur sein.

Soll/Ist-Vergleich nach Ablauf des festgelegten Zeitraumes

Nach Ablauf der entsprechenden Periode (z.B. ein Jahr) findet ein weiteres Gespräch zwischen den Parteien des Zielvereinbarungsprozesses über den Grad der Zielerreichung statt. Diese Komponente wird häufig als *»Soll/Ist-Vergleich«* bezeichnet. Im Prinzip (wiederum mit allen denkbaren Zwischenformen) lassen sich zwei Formen der Feststellung des Zielerreichungsgrades unterschieden:

- Die Zielerreichung wird aufgrund von *quantitativen Daten*, die vorzugsweise aus dem Controlling stammen, zu erfassen versucht. Natürlich müssen dann diese Daten, oft als Kennzahlen bezeichnet, möglichst exakt auf die Art der festgelegten Ziele bezogen sein. Dies

Ziel- und Meßdimension	Erläuterung
Wirkung	Optimal würden Finanzentscheidungen bzw. Budgets überall an Wirkungsziele wie z.B. den Rückgang an Verkehrstoten, die Zunahme an neuangesiedelten Unternehmen, den Rückgang der Sozialhilfedichte etc. gekoppelt werden. Anderer Begriff ist »Outcome«.
Ergebnis	Für viele Verwaltungsbereiche sind aber deren Wirkungen leider nicht eindeutig bestimmbar. Dies gilt z.B. weitgehend für das Einwohnermeldewesen aber auch für ein Theater. Deshalb werden hier ersatzweise die Ergebnisse des Verwaltungshandelns, also die Zahl der ausgestellten Dokumente, die Zahl der Theaterbesucher/innen etc. beschrieben und hierfür ein Budget ausgesetzt. Anderer Begriff ist »Output«.
Finanzen	Finanzkennzahlen sollten sich vor allem auf die Budgetentwicklung bzw. -einhaltung und zum anderen auf die Wirtschaftlichkeit richten.
Struktur- und Prozeßqualität	Dazu gehören Öffnungszeiten, Bearbeitungsdauer, Qualifizierung und Motivation der Mitarbeiter/innen, Rechtmäßigkeit etc.
Kundenzufriedenheit	Grundsätzlich können alle Merkmale der anderen Zieldimensionen Gegenstand von Bürger- bzw. Kundenbefragungen sein. In der Praxis richten sich Befragungen vor allem auf Merkmale der Struktur- bzw. Prozeßqualität, wie z.B. Erreichbarkeit (räumlich/telefonisch), Zeitverhalten, Freundlichkeit etc.

Übersicht 2-2: Mögliche Zieldimensionen für Organisationen des öffentlichen Dienstes (Busse o.J., S. 7)

wird sich insbesondere bei betriebswirtschaftlich-ökonomischen Zielen realisieren lassen. Oft wird bei diesem Ansatz behauptet, es handele sich um eine »objektive Messung« der Zielerreichung. Solchen hochgesteckten Erwartungen ist aber, wie noch zu zeigen sein wird, mit einer gewissen Vorsicht zu begegnen (vgl. Abschnitt 4.2.1).

- Bei anderen Zielen wird auf eine *Beurteilung* des Ausmasses der Zielerreichung *durch die Vorgesetzten* zurückgegriffen. Dies gilt insbesondere für qualitative Ziele und, damit eng zusammenhängend, vorzugsweise für solche Positionen, deren Tätigkeitserfolg nur schwer durch Kennziffern erfaßt werden kann (z.B. hochspezialisierte Angestelltenbereiche; vgl. Baethge/Denkinger/Kadritzke 1995).

Bei beiden Formen wird in der Regel mit einer Skalierung gearbeitet, d.h., die Zielerreichung wird auf einer *mehrstufigen Skala* eingeordnet. Nach Knebel (1984, S. 188) ist z.B. das folgende Skalenmodell weit verbreitet:

- wesentlich unterschritten,
- unterschritten,
- erfüllt,
- überschritten,
- wesentlich überschritten.

Bei einer Beurteilung sind die Vorgesetzten gehalten, den von ihnen wahrgenommenen Zielerreichungsgrad durch eine entsprechende Einstufung auf der Skala zu vermerken. Bei kennzahlenorientiertem Soll/Ist-Vergleich werden in der Regel den einzelnen Ausprägungsstufen feste Ergebnisbandbreiten zugeordnet, die im Vorhinein feststehen, also z.B. bei einem Ziel »Steigerung der Cross-Selling-Quote um 10%« könnte die Skalierung wie folgt aussehen:

- wesentlich unterschritten bei 0–4%,
- unterschritten bei 5–8%,
- erfüllt bei 9–11%,
- überschritten bei 12–15%,
- wesentlich überschritten bei 16% und mehr.

Es ist ferner üblich, daß die Ziele unterschiedlich *gewichtet* werden. Unter Berücksichtigung dieser Gewichtungen werden schließlich die erzielten Skalenausprägungen zu einer *»rechnerischen Gesamtbewertung«* zusammengefaßt (Knebel 1984, S. 188).

Beim Soll/Ist-Vergleich soll ferner, da in der Zwischenzeit aufgrund nicht vorhersehbarer Einflüsse das Zielniveau beeinträchtigt werden kann, eine *Abweichungsanalyse* vorgenommen werden (Mungenast 1990, S. 189). Wenn bestimmte Zielerreichungsgrade hinter dem gesteckten Niveau zurückgeblieben sind, woran hat es gelegen? Die Abweichungsanalyse kann sich dabei sowohl auf persönliche Faktoren (z.B. Leistungsdefizite der Mitarbeiterin/des Mitarbeiters) und/oder auf die situativen Rahmenbedingungen (bestimmte Veränderungen der Situation, die zum Zeitpunkt der Zielfestlegung bzw. -vereinbarung nicht vorhergesehen wurden) beziehen.

Schließlich können je nach Ergebnis der Analyse auch *Folgemaßnahmen* (z.B. Personalentwicklung) besprochen und die neuen Ziele für die kommende Periode festgelegt werden.

Folgen der Zielerreichung bzw. -verfehlung

Je nachdem, ob es sich um eine Führungs- oder Entgeltverfahren handelt, unterscheiden sich die Folgen der Zielerreichung bzw. -verfehlung. Bei führungsbezogenen Ansätzen wird es sich um die Festlegung von »Folgemaßnahmen« genereller Art handeln. Dies sind in erster Linie Förderungs- und Entwicklungsmaßnahmen, da sich auf der Basis zielorientierter Leistungserbringung recht gezielt über sich anbietende Maßnahmen der Personalentwicklung (z.B. Weiterbildung, Stellvertretung, Mitarbeit in Projekten, Einarbeiten in neue Aufgabenbereiche) sprechen läßt. Bei mittel- oder langfristig »schlechten« Ergebnissen sind aber auch andere Folgemaßnahmen wie Abmahnungen, Versetzungen bis hin zu Kündigungen zumindest nicht grundsätzlich auszuschließen.

Bei Entgeltbezug kommen natürlich *monetäre Konsequenzen* nach Maßgabe der Zielerreichungsgrade hinzu. Idealerweise ist dabei im Voraus, also schon im Zielvereinbarungs-Gespräch, festzulegen, wie sich bestimmte Ausprägungen in der Zielerreichung auf den »leistungsbezogenen« Entgeltanteil auswirken. Das kann wie folgt geschehen:

- Im Sinne von Ausprägungsstufen auf der Skala werden Bandbreiten der Zielerreichungsgrade (z.B. Stufe 1 bis 5) festgelegt, die mit entsprechenden Auszahlungen verbunden sind (vgl. das obige Beispiel der Cross-Selling-Quote).
- Bei konkret meß- bzw. zählbaren Größen kann auch eine unmittelbare Verkopplung zwischen Entgelt und Zielerreichungsgrad erfolgen:
  »So ist es beispielsweise möglich, das Überschreiten einer abteilungsbezogenen, durchschnittlichen Nutzungszeit um je einen Prozent-

punkt mit 1 DM/Stunde, das Erreichen eines Produktionspensums von z.B. der Auslieferung von fünf Großgetrieben pro Woche mit einem Betrag von DM 1500,00 an alle beteiligten Mitarbeiter zu vergüten. Denkbar wäre auch, daß eine Verminderung der Durchlaufzeit um z.B. 5 % einen Anspruch auf eine Erhöhung des Grundlohnes um 10 % bzw. eine 10 %-ige Sonderzahlung nach sich zieht« (Lang 1998, S. 207).

Bei anderen Modellen erfolgt die Kopplung an das Gehalt nur mittelbar, etwa indem die/der Vorgesetzte sozusagen als Konsequenz der von ihr/ihm wahrgenommenen Zielerreichungsgrade eine summarische Leistungsbeurteilung vornimmt und mit einer bestimmten Zulagenhöhe verbindet.

Ein solches Verfahren aus der Praxis für AT-Angestellte beschreiben Baethge/Denkinger/Kadritzke (1995, S. 100f.) wiefolgt:

Die Vorgesetzten müssen die AT-Mitarbeiter/innen aufgrund des Arbeitserfolges bzw. der Erreichung vorher vereinbarter Jahresziele in die Kategorien eines Modells von fünf Leistungsebenen einordnen: von Ebene A (»Die Leistung entspricht nicht den Erwartungen«) bis Ebene E (»Der Mitarbeiter erbringt dauernde Spitzenleistungen«) mit der Möglichkeit von Zwischenstufen (z.B. D/E).

Dabei findet ein bereichsübergreifender Abstimmungsprozeß der Beurteilungsergebnisse statt, um zu gewährleisten, »daß die Leistungsbeurteilungen der einzelnen AT-Mitarbeiter über die Grenzen einzelner Gruppen oder Abteilungen hinweg ausgewogen erfolgen.«[9] Die Herstellung einer Ausgewogenheit heißt dabei konkret, »(daß die) Gauß'sche Verteilung in den einzelnen Abteilungen eingehalten wird.« Im Rahmen des jeweiligen stellenbezogenen Gehaltsbandes wird das Entgelt der Mitarbeiter/innen dann je nach »Note« um einen bestimmten Prozentsatz angehoben (z.B. 2 % bei Leistungsebene C, 4 % bei Leistungsebene E).

Der Hintergedanke bei der Zugrundelegung der Gaußschen Normalverteilung ist, daß die Konstrukteure des Verfahrens davon ausgehen, daß es in jeder Gruppe ein paar leistungsstarke, ein paar leistungsschwache und eine größere Menge mittelmäßiger Mitarbeiter/innen gibt. Eine solche Verteilung müßte sich demnach im Beur-

9 Die wörtlichen Zitate stammen aus der zugrundeliegenden Betriebsvereinbarung, aus der Baethge/Denkinger/Kadritzke zitieren.

teilungsspektrum aller Vorgesetzten widerspiegeln, so daß sie darauf verpflichtet werden, in ihren Bewertungen eine solche Glockenkurve einzuhalten:

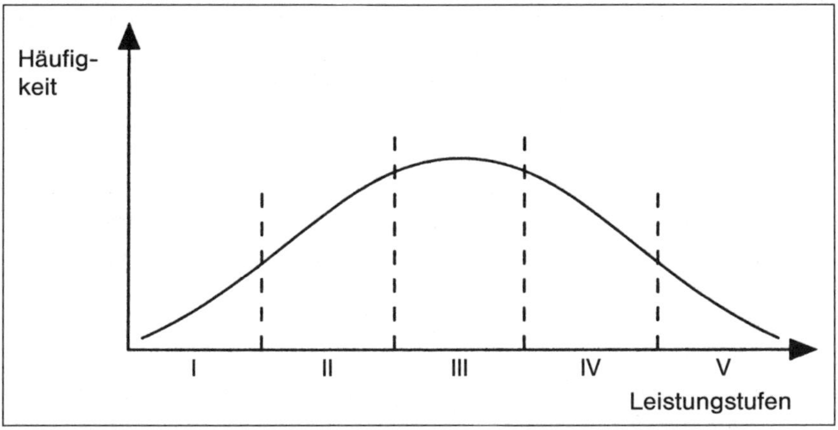

Übersicht 2-3: Leistungsgruppen nach der Normalverteilung bei fünfstufiger Gesamteinschätzung (nach Steinmann/Schreyögg, Gabler-Verlag, Wiesbaden 1993, S. 675)

2.4 Konzeptionelle und theoretische Hintergründe von Zielvereinbarungen

Wie bereits weiter oben ausgeführt (vgl. Abschnitt 1), sind die Zielvereinbarungs-Initiativen des Managements nicht plötzlich vom Himmel gefallen, sondern sie sind Ausfluß gewisser übergeordneter Konzeptionen und theoretischer Ansätze, die schon seit geraumer Zeit zum Kernbestand modernen Managementwissens gehören. In diesem Abschnitt gehe ich näher auf diese gedanklichen und konzeptionellen Wurzeln ein. Diese lassen sich jedoch nicht stringent voneinander abgrenzen, sondern gehen teilweise ineinander über, verstärken sich wechselseitig und/oder setzen lediglich unterschiedliche Akzente.

»Management by objectives«

Die Orientierung der Prozesse der Leistungserstellung an zuvor festgelegten Zielen ist ein zentrales Element des allgemeinen Führungskonzepts »Management by objectives« (MBO), das im Deutschen zumeist mit »Führen durch Ziele« o.ä. übersetzt wird.[10/11]

Das MBO wurde bereits in den 50er und Anfang der 60er Jahre in den USA von einer Vielzahl von Autor/innen entwickelt (vgl. Wild 1971, S. 80). Es stellt *möglichst quantifizierte, also in Zahlen ausgedrückte Ziele* als zentralen Steuerungsmechanismus der Unternehmensaktivitäten bzw. der Aktivitäten seiner Mitglieder heraus.

Ziele sind offenbar für solche Steuerungsfunktionen gut geeignet. Als Vorzüge werden genannt (Slusher/Sims 1977, S. 86):

»(1) Auf der Basis klar definierter Ziele kann der Aufgabenträger seine Verantwortung und die Schwerpunkte seiner Tätigkeiten erkennen. Klar formulierte Ziele helfen die Frage beantworten, was von dem einzelnen Aufgabenträger erwartet wird.
(2) Ziele lösen konstruktive feed back-Informationen, insbesondere von Vorgesetzten aus.
(3) Quantifizierbare Ziele zeigen dem Aufgabenträger die Effektivität seiner Arbeit auf.
(4) Ziele erhöhen die Verpflichtung des Aufgabenträgers, gesetzte Ziele zu erreichen.
(5) Ziele fördern die aktive Partizipation des Aufgabenträgers an der eigenen Karriereplanung.«

Ein Unternehmen, das nach MBO führt, kennt neben einer Aufgaben- und Personenhierarchie auch eine *Zielhierarchie*. Ausgehend von der Unternehmensführung, die Rahmenziele und strategische Pläne festlegt, werden die Ziele kaskadenförmig auf die untergeordneten Organisationseinheiten (Sparten, Hauptabteilungen, Gruppen, einzelne Stellen) »heruntergebrochen«.

Syrée (1972, S. 351) charakterisiert den idealtypischen MBO-Prozeß als einen solchen, bei dem »alle Bereichs-, Abteilungs-, Gruppen- und

10 Vgl. Kill (1972) sowie als aktuellere Literaturgrundlagen Mungenast (1990 und 1994); Becker (1994, S. 270ff.); Schettgen (1996, S. 249ff.); Lorson (1996, S. 196ff.); Haitzmann (1996); Knicker (1996); Schau (1998, S. 58ff.).

11 Eine zielorientierte Führung und Beurteilung spielt im übrigen auch in *japanischen Unternehmen* eine große Rolle. Im Unterschied zum MBO-Ansatz werden die Ziele aber nicht von oben nach unten heruntergebrochen, sondern die einzelnen Bereiche und Individuen setzen sich ihre Ziele ausschließlich in eigener Regie (Esser 1992, S. 308f.).

Individualziele mit Hilfe und im Rahmen der Hauptziele der nächsthöheren Organisationsstufe entlang der ›Kommandolinie‹ entwickelt werden müssen, daß also eine Untergliederung der Oberziele in ein hierarchisches System von Unterzielen entlang der vertikalen Organisationsstruktur im Sinne einer deduktiven Zielableitung nötig ist (Zielhierarchie).«

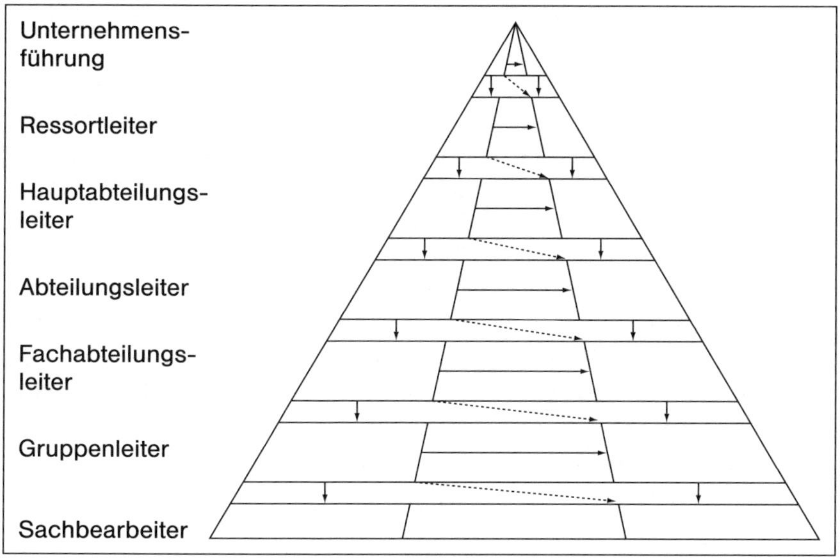

Übersicht 2-4: Zielhierarchie in MBO-Konzepten

Die Ziele auf den untergeordneten Ebenen müssen mit denen der jeweils übergeordneten Ebene zwingend harmonieren; sie müssen aus ihnen ableitbar sein (sog. *Kompatibilität* der Ziele). Dadurch soll eine Zweck-Mittel-Beziehung entstehen: die abgeleiteten Ziele werden zum Instrument zur Erreichung der vorgegebenen Oberziele (vgl. Schau 1998, S. 67).

Die auf diesem Wege entlang der Hierarchie festgelegten Ziele nehmen nach unten hin an Detaillierung, Präzision und Operationalisierung zu. Sie sollen gegenüber den Zielen der Vorperiode eine *Herausforderung* enthalten, d.h. sie sollen in ihrem Anspruch über den bisher erreichten Stand hinausgehen (Bartölke 1977, S. 59).

In bezug auf die Frage der *Beteiligung* der Mitarbeiter/innen an der Festlegung ihrer Stellenziele lassen sich zwei verschiedene Ansätze ausmachen. Bei der *Zielvorgabe* legt die/der Vorgesetzte in alleiniger Kompetenz die Zielgrößen für die ihr/ihm unterstellten Mitarbeiter/innen fest und gibt sie qua Anordnung als verbindliche Richtschnur vor (vgl. z.B. Odiorne 1967, S. 166).

Bei der *Zielvereinbarung* soll die Festlegung demgegenüber in einem kooperativen Prozeß zwischen Vorgesetzter/m und Mitarbeiter/in erfolgen:

»Entweder entwickelt der Mitarbeiter Zielvorschläge, die er anschließend seinem Vorgesetzten zur Genehmigung vorlegt oder Mitarbeiter und Vorgesetzter legen gemeinsam die Ziele fest bzw. diskutieren die aus den Oberzielen abgeleiteten Zielforderungen und einigen sich über die Ziele« (Andersch-Niestedt/Lilge 1981, S. 48).

Dieser Partizipation der Mitarbeiter/innen an der Zielfestlegung wird im MBO eine stark motivierende Wirkung zugeschrieben. Sie soll eine stärkere Realitätsnähe, aber auch eine höhere Identifikation der Beschäftigten mit den Zielen auslösen. Die Mitarbeiter/innen sollen sich selbst »in die Pflicht genommen« fühlen und gegenüber der fremdbestimmten Variante der Zielvorgabe ein stärkeres Verantwortungsbewußtsein für die Realisation der Ziele entwickeln (vgl. für viele Fuchs-Wegner 1975; Schau 1998, S. 72ff.).

Die dabei unterstellten, aber natürlich nicht zwangsläufig eintretenden Zusammenhänge gehen aus folgendem Schaubild hervor (siehe nächste Seite, Übersicht 2.5).

Die Personalbeurteilung läßt sich im MBO-Konzept rein an der Zielerreichung ausrichten. Sie erfolgt im Rahmen des bereits oben erläuterten Soll/Ist-Vergleichs.

Die Vorgehensweise bei einer zielorientierten Leistungsbeurteilung geht noch einmal aus Übersicht 2.6 hervor (siehe Seite 34).

Zieltheorie der Arbeitsmotivation

Das MBO ist ein Ansatz, der aus der Sphäre der Unternehmensberater erwachsen ist und insoweit eher pragmatisch-umsetzungsorientierten denn hochwissenschaftlichen Ansprüchen genügt. MBO läßt sich je-

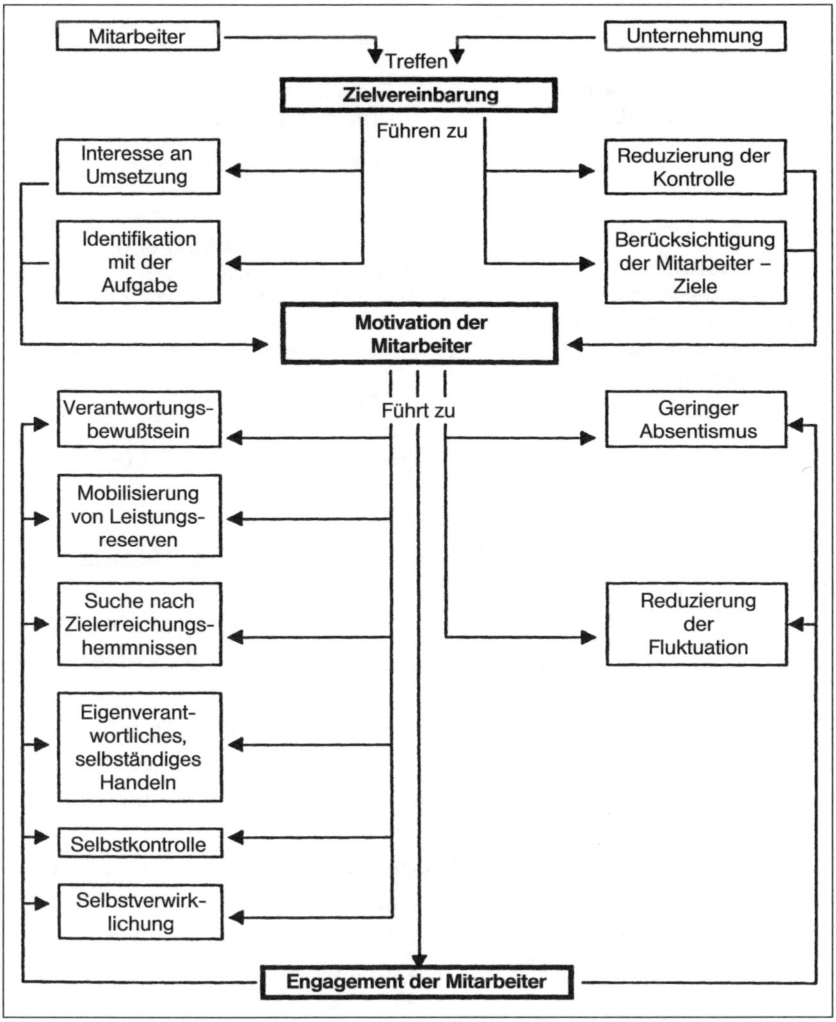

Übersicht 2-5: Erwartete/erhoffte Wirkungen der MBO-Zielvereinbarung auf Motivation und Engagement der Mitarbeiter/innen (Schau, Verlag Peter Lang, Frankfurt 1998, S. 74)

doch seinerseits auf eine verhaltenswissenschaftliche Basis zurückführen, die in der Fachliteratur als die *Zieltheorie der Arbeitsmotivation* bzw. als die *Goal-Setting-Theorie* bezeichnet wird. Als prominentester Vertreter gilt der Amerikaner Locke (vgl. z.B. Locke 1968; Locke u.a. 1981; Locke/Latham 1990).

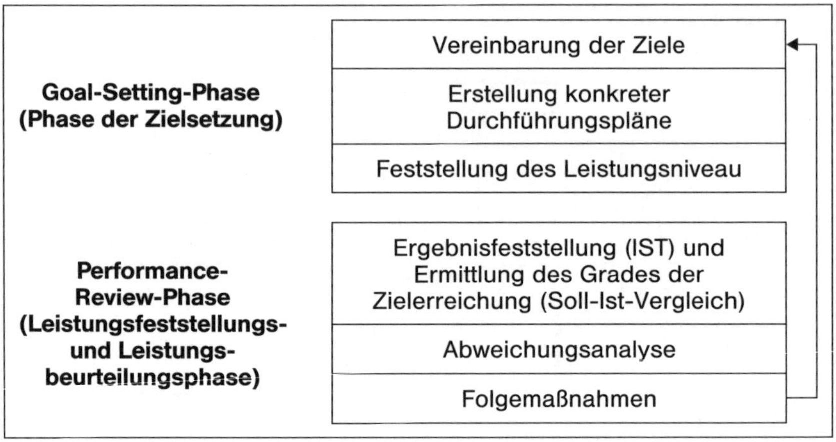

Übersicht 2-6: Schema zielorientierter Leistungsbeurteilung (aus Mungenast 1994, S. 56)

Nach dieser Richtung gelten Ziele als die zentralen Determinanten und Regulatoren menschlichen Handelns. Ziele entfalten ihre Steuerungsfunktion durch Aufmerksamkeitslenkung, Anstrengungsmobilisierung und Erhöhung der Ausdauer. Zudem begünstigen sie die Herausbildung geeigneter Handlungsstrategien.

Von Zielen geht des weiteren eine gewisse Sogwirkung (»traction«) aus, die dazu führt, daß die Betreffenden bestrebt sind, jede Störung bzw. Unterbrechung im Hinblick auf die Zielerreichung abzuwehren.

Die Vertreter der Goal-Setting-Theorie haben vor allem über Experimente versucht, die konkreten Bedingungen für eine möglichst hohe Motivationswirkung von Zielen herauszufinden.[12] Die wichtigsten Rahmenbedingungen und Zusammenhänge sind dabei die folgenden:

Schwierigkeitsgrad
Schwierige Ziele führen zu besseren Leistungen als leichte. Insofern wird gefolgert, daß die Ziele eine Herausforderung und entsprechend anspruchsvoll formuliert sein sollten.

12 Vgl. dazu auch Rosenstiel u.a. (1995, S. 235); Weinert (1998, S. 171 ff.).

Exaktheit der Zielbestimmung
Spezifische, klare Ziele bringen bessere Resultate als vage Vorgaben. So gilt die Vorgabe »tue dein Bestes« oder »steigere die Produktivität« als uneffektiv und damit wenig sinnvoll. Spezifische Ziele sind in diesem Sinne z. B. die »Senkung der Reklamationsquote um 20 % im nächsten Jahr« oder »Umsatzsteigerung von 7 % in den kommenden sechs Monaten«. Als Folgeproblem dieser Norm ergibt sich jedoch, daß viele Bereiche aufgrund der Natur ihrer Aufgabenstellung (z. B. eine Personalabteilung, ein Sekretariat) einer Ziel-Spezifizierung kaum oder nur über fragwürdige Umwege zugänglich sind. Auch lassen sich ökonomische Größen recht gut in klare Ziele umsetzen, nicht jedoch soziale Ziele wie die Humanisierung von Arbeitsbedingungen, die Erhöhung der Arbeitszufriedenheit, die Verbesserung des Betriebsklimas oder die Steigerung der Kund/innen-Zufriedenheit.

Zielakzeptanz und -commitment
Die Zielakzeptanz bezieht sich auf den Grad, zu dem ein/e Mitarbeiter/in ein Ziel verinnerlicht, es sozusagen als ihr/sein eigenes ansieht. Mit einer hohen Zielbindung wächst die Leistung, was eher für Zielvereinbarung als für Zielvorgabe spricht. Zielcommitment bezieht sich auf das Ausmaß, mit dem ein/e Mitarbeiter/in sozusagen ein persönliches Interesse an der Zielerreichung hat. Entsprechend ist zu erwarten, daß leistungsbezogene Entlohnung die Zielbindung stärkt.

Feedback
Ziele wirken besonders dann leistungssteigernd, wenn sie mit – möglichst ständigen – Rückmeldungen über die erzielten bzw. aktuellen Ergebnisse kombiniert werden.

Zusammenhang zu Controlling- bzw. Kennzahlen-Ansätzen

Der Begriff des »Controlling« hat in den letzten zehn Jahren innerhalb der Betriebswirtschaftslehre und auch der Unternehmenspraxis für so viel Furore gesorgt, daß es kaum noch möglich erscheint, ihn einheitlich und unmißverständlich zu definieren. Das Controlling umfaßt »ein ganzes Bündel von betriebswirtschaftlichen Konzepten und Instrumenten ..., mit denen die Unternehmensleitung bei ihren Aufgaben der Planung, Steuerung und Kontrolle des Unternehmens unterstützt werden soll« (Dey 1999, S. 1). Das Controlling soll die Effizienz im Management systematisch herbeiführen und unterstützen.

Es würde hier zu weit führen, umfassend auf den Controlling-Ansatz einzugehen.[13] Ich beschränke mich auf das Aufzeigen der Schnittstelle zum Thema Zielvereinbarungen.

Beim Controlling-Prozeß geht es u.a. um die Installierung eines unternehmensumfassenden Systems der Vorgabe von Zielen und Planwerten und der Überprüfung ihrer Einhaltung bzw. Erreichung. Zweck dieses Systems ist die zielgerichtete Koordination und Steuerung der Aktivitäten der verschiedenen Sparten, Abteilungen, Organisationsbereiche, Gruppen und ggf. auch der einzelnen Mitglieder eines Unternehmens (oder Konzerns).

Kernstück des Controlling-Prozesses ist damit die zielorientierte Planung und Kontrolle der Teilglieder einer Organisation. Die dezentrale Umsetzung der Unternehmensziele erfolgt maßgeblich über die Vorgabe von *Budgets* bzw. von *Kennzahlen* oder ganzen Kennzahlen-Systemen.[14] Das soll an einem Kennzahlen-System zum Zwecke der Quantifizierung von Zielen für Bereiche und Gruppen aus einem Fertigungsunternehmen gezeigt werden (siehe nächste Seite, Übersicht 2.7).

Ein besonders für Dienstleistungsunternehmen interessantes Kennzahlen-Konzept, das unmittelbar für Zielvereinbarungen funktionalisiert werden kann, sind die sog. »Balanced Scorecards« (BSC) nach Kaplan/Norton (1996). Diese Scorecards sollen eine konkrete Übersetzung der strategischen Ziele von Unternehmen oder Organisationseinheiten nach unten hin gewährleisten. Das Besondere ist, daß dabei eine ausgewogene (»balanced«) Mischung von Ergebnis-Kennzahlen, die sich in der Vergangenheit bewährt haben, und zukunftsorientierten Leistungsfaktoren (Innovations-, Entwicklungs-, Wachstumsziele) entwickelt werden soll.

Ein Zielvereinbarungs-Verfahren kann nun – je nach seiner Gestaltung – vom Management dazu eingesetzt werden, ein Controlling-Konzept unmittelbar auf die Bereiche und ggf. bis »hinunter« zur Arbeitsplatzebene umzusetzen, indem mit dem übergeordneten Füh-

---

13 Vgl. dazu neben Dey (1999), der das Controlling aus einer Betriebsrats-Perspektive thematisiert, ausführlich das Lehrbuch von Horváth (1998).

14 Vgl. ausführlich zum »Führen mit Kennzahlen« Frieling (1994).

Fertigungskennzahlen

$$\text{Hauptnutzungsgrad} = \frac{\text{Programmlaufzeit aller gefertigten Gutteile} \times 100}{\text{Betriebszeit (Schichtzeit)}}$$

$$\text{Zeitersparnisgrad} = \frac{\text{vorgegebene Auftragszeit (T)} - \text{verbrauchte Zeit} \times 100}{\text{vorgegebene Auftragszeit}}$$

$$\text{Reklamationskosten (DM/Einheit)} = \frac{\text{Reklamationskosten} \times 100}{\text{Produktionseinheiten}}$$

$$\text{Nacharbeitsgrad} = \frac{\text{Nacharbeitszeit} \times 100}{\text{Produktionszeit}}$$

$$\text{Verbrauchsgrad} = \frac{\text{Sollverbrauch} \times 100}{\text{Istverbrauch}}$$

$$\text{Ersparnisgrad} = \frac{\text{eingesparte Menge} \times 100}{\text{Eingabemenge}}$$

$$\text{Stoffausbeutegrad} = \frac{\text{Ausbringungsmenge} \times 100}{\text{Eingabemenge}}$$

Kennzahlen für Profitcenter

$$\text{Umsatzrendite} = \frac{\text{Betriebsergebnis}}{\text{Umsatz}}$$

$$\text{Pro-Kopf-Umsatz} = \frac{\text{Umsatz des Profitcenters}}{\text{Anzahl Mitarbeiter des Profitcenters}}$$

$$\text{Fixkostenanteil} = \frac{\text{Fixkosten des Profitcenters}}{\text{Gesamtkosten}}$$

$$\text{Marktanteil} = \frac{\text{Umsatz des Profitcenters}}{\text{Marktvolumen}}$$

Wertschöpfungskennzahlen

$$\text{Tätigkeitsnutzungsgrad} = \frac{\text{wertschöpfende Tätigkeit} \times 100}{\text{Gesamtarbeitszeit}}$$

$$\text{Anlagennutzungsgrad} = \frac{\text{Fertigungszeit für Wertschöpfung} \times 100}{\text{gesamte verfügbare Arbeitszeit}}$$

$$\text{Zeitnutzungsgrad} = \frac{\text{wertschöpfende Bearbeitungszeit} \times 100}{\text{Gesamtdurchlaufzeit}}$$

$$\text{Flächennutzungsgrad} = \frac{\text{Fläche für wertschöpfende Tätigkeit} \times 100}{\text{Gesamtfläche}}$$

Übersicht 2-7: Kennziffern für die Quantifizierung von Zielen von Bereichen und Teams aus einem Fertigungs-Unternehmen (aus Busch 1995, S. 244f.)

rungssystem »kompatible« Ziele festgelegt, in entsprechende Vorgaben, Budgets oder Kennzahlen umgeformt, per Soll/Ist-Vergleich bewertet und ggf. angepaßt werden.

Das Instrument der Zielvereinbarung wird dann häufig in Verbindung gebracht mit dem Begriff des *Personal-Controlling.*

»Dieser Prozeß der permanenten argumentativen Verständigung über künftige Handlungsziele ... und in welchem Ausmaß diese dann erreicht wurden, stellt Personal-Controlling dar. Damit ist nichts anderes gemeint, als daß sich Menschen entweder über selbst gesetzte oder im anderen Extrem über vorgegebene Ziele steuern und daß über die Auseinandersetzung mit den Anstrengungen zur Zielerreichung Kontrollprozesse durchgeführt werden, die Anlaß zu Zielrevisionen oder geändertem Leistungsverhalten geben« (Oechsler 1992, S. 63).

Ein derartiger Bezug ist aber nicht zwingend. Ein Unternehmen kann genauso gut ein isoliertes Zielvereinbarungs-Konzept rein zu Zwecken der Personalführung und ohne jegliche Verbindung zu übergeordneten Steuerungsmechanismen im Sinne des Controlling-Ansatzes praktizieren.

Es ist anzunehmen, daß der Controlling-Bezug vor allem dann vorliegt, wenn die Ziel»vereinbarung« recht straff, ohne große Brüche und unter Betonung der »Kompatibilität der Ziele« (vgl. den MBO-Ansatz) erfolgen soll, die Position der/des Vorgesetzten also a priori die wesentlich stärkere ist. Denn nur dann läßt sich konzeptionell die »Top-down-Umsetzung« der Controlling-Kennziffern und -Budgets gewährleisten. Sicher kommt es auch in einem Controlling-Konzept auf eine möglichst hohe Identifikation mit den Zielen an; eine »unkontrollierte« Mitbestimmung der jeweils untergeordneten Partei im Zielfestlegungs-Gespräch ist aber tendenziell ein systemischer Fremdkörper, weil sie die bruchlose Umsetzung der Ziele entlang der Hierarchie gefährden kann.

Benchmarking

Einen *überbetrieblichen Bezug* kann die Zielvereinbarungsthematik schließlich im Zusammenhang mit dem Begriff des *Benchmarking* bekommen (vgl. Weinert 1998, S. 175f.; Frieling 1994, S. 126f.).

Dabei geht es darum,

»die Arbeits- und/oder Dienstleistungsprozesse des eigenen Unternehmens mit den besten Verfahrens- und Produktionsweisen und deren Ergebnissen, die in dieser Branche sichtbar sind, zu vergleichen. Das Ziel ist, notwendige Veränderungen zu identifizieren, um die Qualität der eigenen Produkte und Dienstleistungen zu verbessern. Um die dafür notwendigen Aktivitäten einzuleiten, bedient man sich der Technik des ›Setzens von Zielen‹, um zu verfolgende Ziele zu identifizieren und diese als Basis für zukünftiges Handeln zu verwenden« (Weinert 1998, S. 175).

3. Praxisbeispiele

Die bisherigen Ausführungen waren überwiegend erklärender, zum Teil sogar recht theoretischer und entsprechend abstrakter Natur. Um das Instrument Zielvereinbarung für die Praktiker/innen, die mit dem vorliegenden Buch arbeiten, noch etwas anschaulicher und greifbarer zu machen, werden im folgenden zwei Beispiele existierender Zielvereinbarungs-Konzepte etwas näher erläutert.

Beim ersten handelt es sich um ein Führungsinstrument einer *Versicherung*, in der ein sog. Fördergespräch mit Zielvereinbarung praktiziert wird. Das zweite Beispiel besteht aus einem stark entgeltbezogenen Modell aus einer *Bank*.

Ein Praxisbeispiel aus der *industriellen Fertigung* ist weiter unten anhand der gruppenorientierten Entlohnung mit Zielvereinbarungen bei der Carl Schenck AG näher beschrieben (vgl. Abschnitt 4.1).

Fördergespräch in einer Versicherung

»Qualifizierte Mitarbeiterinnen und Mitarbeiter sind ein wichtiges Potential unseres Hauses. Dieses Potential gilt es zu erhalten und zielgerichtet weiterzuentwickeln. Deshalb räumen wir der Förderung und Entwicklung unserer Mitarbeiterinnen und Mitarbeiter einen hohen Stellenwert ein.

Im Fördergespräch sehen wir ein Führungsinstrument, das die Umsetzung der Führungsgrundsätze wirksam unterstützt. Es hat eine wesentliche Bedeutung für die Festlegung von Arbeits- und Entwicklungszielen und für die Beurteilung der erzielten Arbeitsergebnisse und des Arbeitsverhaltens. Das Fördergespräch ist Ausgangspunkt für die Planung und Instrument für die Steuerung individueller Arbeits- und Entwicklungsprozesse.«

So lautet die Präambel der »Betriebsvereinbarung zur Einführung und Anwendung des Fördergespräches«, die zwischen Vorstand und Gesamtbetriebsrat abgeschlossen wurde und Ende 1997 in Kraft getreten ist.

Das Fördergespräch dient insbesondere der Förderung und Entwicklung der Mitarbeiter/innen, der Verbesserung der Arbeitsbeziehung zwischen Vorgesetzten und Mitarbeiter/innen und der quantitativen und qualitativen Verbesserung der Arbeitsergebnisse. Damit handelt es sich um ein typisches Beispiel der Anwendung von Zielvereinbarungen als Führungsinstrument. Ein Bezug zur Gehaltsfindung wird in der Betriebsvereinbarung ausdrücklich ausgeschlossen.[15]

Alle Mitarbeiter/innen erhalten einen »Leitfaden zum Fördergespräch«, aus dem die Vorgehensweise bei der Entwicklung von Zielvereinbarungen zu entnehmen ist. Einige Auszüge aus diesem Leitfaden werden nachfolgend zur Illustration wiedergegeben.

»Wenn durch individuelle Förderung und Entwicklung des Mitarbeiters die Arbeitsergebnisse optimiert werden sollen, muß zunächst Klarheit darüber bestehen, was wie wann und womit erreicht werden soll. Diese Klarheit schaffen Vorgesetzter und Mitarbeiter, indem sie gemeinsam die Hauptaufgaben des Mitarbeiters festhalten, die sich aus den Aufgaben der Organisationseinheit ergeben. Daneben vereinbaren sie individuelle Arbeitsziele für den Mitarbeiter, die sich letztlich aus den Unternehmenszielen und den individuellen Stärken und Schwächen des Mitarbeiters ableiten. Schließlich wird festgelegt, woran die Aufgabenerledigung und die Zielerreichung gemessen wird – Beurteilungsmaßstab – (Umfang und Qualität des zu bearbeitenden Akten-/Bestandes, Fehlerquote, Bearbeitungsdauer, Terminhaltung usw.) und unter welchen Rahmenbedingungen (technische und personelle Ausstattung, gesetzliche Vorgaben, Marktsituation usw.) die Aufgaben erledigt bzw. die vereinbarten Ziele erreicht werden sollen.

In Abstimmungsgesprächen während der laufenden Arbeitsperiode prüfen Vorgesetzter und Mitarbeiter, ob Korrekturen an den Aufgaben, den vereinbarten Arbeitszielen oder an den vereinbarten Rahmenbedingungen erforderlich sind, um die angestrebten Ergebnisse zu erreichen. Veränderungen werden an der entsprechenden Stelle im Formular für das Fördergespräch vermerkt.

...

Das Fördergespräch gliedert sich in drei Abschnitte, nämlich eine Beurteilung, die Vereinbarung von Maßnahmen und eine Zielvereinbarung. Im Rahmen der Beurteilung ist zunächst festzuhalten, ob es im Beurteilungszeitraum wesentliche Veränderungen bezüglich der festgelegten Aufgaben, der Ziele, des Beurteilungsmaßstabs und/oder der Rahmenbedingungen gegeben hat.

Anschließend informieren sich die Gesprächsteilnehmer wechselseitig über ihre jeweiligen Einschätzungen zu den erzielten Ergebnissen und zur Unterstützung durch den Vorgesetzten. Hierbei können sich unter-

15 Weitere Auszüge aus dieser Betriebsvereinbarung werden als Beispiel Nr. 3 in Abschnitt 7.1 angeführt.

schiedliche Einschätzungen zu einzelnen oder auch zu allen angesprochenen Punkten ergeben. Auch wenn dies nicht der Fall ist, soll über die Einschätzung der Gründe gesprochen werden, weil diese unterschiedlich sein können.
Dieser Dialog wird dann gelingen, wenn ihn die Gesprächsteilnehmer vorurteilsfrei und offen gestalten. Dies setzt voraus, daß sie aktiv zuhören, sich präzise ausdrücken, den eigenen Standpunkt klar und deutlich vertreten aber auch offen für notwendige Veränderungen sind. Letztlich sind die Gesprächspartner darauf angewiesen, daß nicht nur Dinge angesprochen werden, die schon ›stimmen‹. In mindestens gleichem Maße kommt es darauf an, die jeweiligen Erwartungen an den Gesprächspartner klar und deutlich anzusprechen.

...

Die Diskussion über die jeweiligen Vorstellungen zur Verbesserung der Ergebnisse, z.B. Behebung von Qualifikations-/Motivationsdefiziten, verstärkte Nutzung besonderer Fähigkeiten oder auch einen Einsatz in anderen Bereichen unseres Unternehmens sowie entsprechende Vereinbarungen schließen die Bilanz der abgelaufenen Arbeitsperiode ab und bilden gleichzeitig den zweiten großen Abschnitt des Fördergespräches. Hier geht es um die Vereinbarung von Maßnahmen. Da Entwicklungsmaßnahmen (z.B. Besuche von Seminaren, Übertragung von neuen Aufgaben am derzeitigen Arbeitsplatz, Übertragung einer anderen Tätigkeit innerhalb unseres Unternehmens oder auch Mitarbeit an Projekten) regelmäßig mit höheren Vorgesetzten bzw. der Personalabteilung oder auch anderen Organisationsbereichen abgestimmt werden müssen, können insoweit an dieser Stelle nur Möglichkeiten angesprochen werden. Erst nach entsprechender Beratung mit den zuständigen Bereichen und Personen können diese Möglichkeiten in konkrete und verbindliche Maßnahmen umgesetzt werden. Hingegen fallen Seminarbesuche oder die Übertragung von neuen Aufgaben am derzeitigen Arbeitsplatz in den Aufgaben- und Kompetenzbereich des direkten Vorgesetzten.

...

Den Abschluß des Fördergesprächs bildet die Vereinbarung der Aufgaben und Ziele für die kommende Arbeitsperiode. Unter Berücksichtigung der Erkenntnisse aus dem Fördergespräch sollen sodann (maximal 3) Ziele, deren Erreichung übereinstimmend als besonders wichtig angesehen wird, vereinbart werden. Schließlich ist hier auch zu klären, woran die Aufgabenerfüllung und Zielerreichung gemessen werden soll (Beurteilungsmaßstab) und welche Rahmenbedingungen zu berücksichtigen sind.«

Übersicht 3-1: Auszug aus dem Leitfaden »Das Fördergespräch« einer Versicherung

Aus dem gleichen Unternehmen stammt der folgende *Bogenteil*, auf dem zum Abschluß des Gesprächs die Ergebnisse der Zielvereinbarung eingetragen und dokumentiert werden sollen:

Zielvereinbarung

Vereinbarung der individuellen Ziele, der notwendigen Rahmenbedingungen und der erforderlichen Voraussetzungen im fachlichen und sozialen Bereich.

Ziel 1: ______________________________

Rahmenbedingungen: ______________________________

____

Fachliche und soziale Fähigkeiten: ______________________________

____

Ziel 2: ______________________________

Rahmenbedingungen: ______________________________

____

Fachliche und soziale Fähigkeiten: ______________________________

____

Ziel 3: ______________________________

Rahmenbedingungen: ______________________________

____

Fachliche und soziale Fähigkeiten: ______________________________

____

____

Datum, Unterschrift des Vorgesetzten

Übersicht 3-2: Bogenteil zur Dokumentation der Zielvereinbarungen aus einer Versicherung

Zielvereinbarung mit Entgeltbezug in einer Bank

In einer großen deutschen Geschäftsbank wurde 1997 unter dem Begriff »ergebnis- und leistungsorientierte variable Vergütung« (ELOV) ein neues Entlohnungssystem erprobt und eingeführt, das eine Abweichung von den häufig starren Entgeltkonzepten im Finanzdienstleistungssektor bedeuten soll und vor allem im Vertriebsbereich maßgeblich auf der Basis von Zielvereinbarungen operiert.[16]

Die Bank will mit diesem Konzept vor allem folgende Ziele erreichen:

- Förderung des unternehmerischen Denkens und Handelns,
- Stimulierung und Honorierung der Leistungsbeiträge der einzelnen Mitarbeiter/innen und Teams,
- Stärkung des Teamgedankens,
- Förderung eines hohen Masses an Objektivität und Leistungsgerechtigkeit.

Der »Topf« für die Verteilung dieser Mittel wird dabei keineswegs »on top« der bisherigen Vergütung hinzugefügt, sondern er speist sich aus der Streichung nahezu aller bisher nicht tariflich oder betrieblich abgesicherter Vergütungsbestandteile über das Grundentgelt hinaus (z.B. Werbeprämien, Provisionen, Sonderzahlungen, übertarifliche Zulagen).

Der »Topf« (im ersten Jahr ca. 8,4 Mio DM) wird dann nach einem komplizierten, schwer nachzuvollziehenden Verfahren auf die Gebiets- bzw. Regionalfilialen sowie auf die einzelnen Abteilungen verteilt. Maßgeblich für diese Aufteilung sind vorwiegend betriebswirtschaftliche Kennziffern, die den einzelnen Bereichen zugeordnet werden können, wie etwa Umsätze, Deckungsbeiträge (absolut oder in ihrer Veränderung zum Vorjahr), Plan/Ist-Abweichungen der Deckungsbeiträge, Risikogrößen oder die Kapitalrendite. Im Privatkundenbereich fließt auch die Kund/innen-Zufriedenheit ein, die anhand von regelmäßigen Zufriedenheitsanalysen erfaßt wird.

Die Verteilung der so ermittelten filial- oder abteilungsbezogenen Budgets auf die Beschäftigten erfolgt anhand von zwei Verfahren der Leistungsbewertung:

16 Vgl. dazu auch das in der Managementliteratur dargestellte System der Deutschen Bank (Svoboda 1997).

- einer Leistungsbeurteilung für die tariflich bezahlten Mitarbeiter/innen im *Be*trieb (z.B. Backoffice, Zentrale) und
- einer Zielvereinbarung für die Mitarbeiter/innen des *Ver*triebs und eines Teiles der AT-Mitarbeiter/innen (überall dort, wo dies möglich und sinnvoll erscheint).

Das – hier nur näher interessierende – Zielvereinbarungs-Verfahren soll nach folgenden einheitlichen Maßstäben und Kriterien erfolgen:

- Es werden drei bis höchstens fünf Ziele festgelegt, die mit einem Gewichtungsfaktor zwischen 10 und 50% (in der Summe 100%) versehen werden.
- Die Ziele werden in einem Bogen protokolliert und von beiden Parteien unterschrieben. Jede/r erhält eine Kopie.
- Für die Zielerreichungsgrade werden *Korridore* festgelegt, so daß genau ersehen werden kann, bei welcher Zielerreichung welche *Punktwerte* erzielt werden.
- Die Ziele sollen anspruchsvoll, aber realistisch und erreichbar sein.
- Bei Nichteinigung über die Ziele werden die unterschiedlichen Positionen im Bogen vermerkt. Es gilt die Sichtweise der/des Vorgesetzten. Darüber werden die nächsthöheren Vorgesetzten sowie der Betriebsrat informiert; es gibt jedoch kein Konfliktlösungsverfahren.
- Ändern sich die Rahmenbedingungen (z.B. allgemeine geschäftliche Lage), können die vereinbarten Ziele im Einvernehmen verändert werden.
- Nach Ablauf der Periode wird ein Zielerreichungsgespräch geführt, bei dem der Grad der Zielerreichung möglichst rechnerisch festgestellt und die zugehörigen Punktwerte ermittelt werden (vgl. unten).
- Wird beim Zielerreichungsgespräch keine einheitliche Sichtweise erzielt, findet auf Wunsch der Mitarbeiterin/des Mitarbeiters ein sog. »Anschlußgespräch« unter Einbeziehung der nächsthöheren Führungskraft und eines Betriebsratsmitglieds statt.
- Die Vorgesetzten sind gehalten, den Mitarbeiter/innen rechtzeitig vor dem Zielvereinbarungs- bzw. Zielerreichungsgespräch die notwendigen Unterlagen (Daten) zu ihrer Vorbereitung zukommen zu lassen.

Anhand von Beispielen werden in internen Materialien die möglichen Zielvereinbarungen verdeutlicht. So sollen etwa verfahrensgetreu bei einer/einem Vertriebsmitarbeiter/in die folgenden Ziele festgelegt werden können (mit zugehörigen Gewichtungen):

1. Ertragssteigerung im Passivgeschäft um 10 % (Gewichtung 40 %),
2. Wertberichtigungen sollen 1 Mio DM nicht überschreiten (Gewichtung 30 %),
3. Drei Spezialfonds sollen vermittelt werden (Gewichtung 10 %),
4. »15 % des Depotvolumens unter Management« (Gewichtung 20 %).

Für die Einschätzung der Zielerreichungsgrade werden nach Ablauf der Zielperiode folgende Faktoren benutzt:
4 Ziele wurden übertroffen
3 Ziele wurden in vollem Umfang erreicht
2 Ziele wurden annähernd erreicht
1 Ziele wurden nicht/bzw. unzureichend erreicht.

Entsprechend dieser Zielerreichungsfaktoren und der vorher festgelegten Gewichtungsfaktoren wird eine Gesamtpunktzahl ermittelt, die wiefolgt zu Kategorien zusammengefaßt wird:

3,5–4,0	Top-Zielerreichung
2,5–3,4	Voll-Zielerreichung
1,5–2,4	Basis-Zielerreichung
1,0–1,4	Grenz-Zielerreichung.

Anspruch auf einen Leistungsbonus haben nur die »Top-Leister/innen« sowie die »guten Volleister/innen« (ab 3,0). Seine genaue Berechnung ist jedoch sehr kompliziert – nicht zuletzt deshalb, weil er abhängig ist vom Bonusvolumen, das der Organisationseinheit nach den übergeordneten Verteilungsmechanismen zusteht.

4. Zur Einschätzung von Zielvereinbarungs-Konzepten: Chancen und Risiken für die Beteiligten

Das Instrument Zielvereinbarung ist ebenso vielschichtig wie in seinen Auswirkungen schwer einzuschätzen und zu prognostizieren. Es ist weder pauschal »gut« noch generell »schlecht« und risikobehaftet; vielmehr liegen Risiken und Chancen eng beieinander.

In diesem Kapitel soll den Leser/innen eine Einschätzungshilfe nahegebracht werden. Dabei werden die potentiellen Chancen von Zielvereinbarungs-Konzepten wie auch – besonders ausführlich – ihre möglichen Risiken beleuchtet. Ob im konkreten Fall die Chancen/Risiken akut werden, hängt von vielfältigen Gestaltungsfaktoren wie auch von anderen Bedingungen (z.B. personeller oder organisatorischer Art) ab.

4.1 Chancen

Motivation und Identifikation

Schon in einem älteren Aufsatz charakterisiert Knebel (1984, S. 187) die möglichen (nicht zwingenden!) Chancen von Zielvereinbarungen für die betroffenen Beschäftigten wie folgt:

»Zielvereinbarung als Führungsmodell findet ... Zustimmung, weil es eine Antwort geben kann auf die immens angestiegenen Selbstentfaltungs- und Selbstverwirklichungsinteressen vieler Mitarbeiter. Diesem Bestreben kommt dieses Management-Konzept am weitesten entgegen, weil das Erreichen eines auch vom Mitarbeiter gewollten Ergebnisses im Blickpunkt des Interesses steht, wodurch der einzelne Mitarbeiter oder das Team aus der direkten und häufig als bevormundend empfundenen Abhängigkeit zum Vorgesetzten teilweise entlassen wird. Hiermit wird also dem Wunsch nach Entfaltung eigener Initiative und einer gewissen Selbständigkeit im Handeln und Entscheiden Rechnung getragen.«

Zwar muß man stets vorsichtig sein, wenn in einer solch proklamatorischen Form die Selbstverwirklichungsbedürfnisse der Beschäftigten beschworen und mit einem Führungsinstrument in Verbindung gebracht werden; jedoch hat ein entsprechend gestaltetes Zielvereinbarungs-Verfahren durchaus ein gewisses Potential in diesem von Knebel beschriebenen Sinne.

Vorausgesetzt, es fand eine »echte« Zielvereinbarung mit der Folge von Zielakzeptanz durch die Betroffenen statt, können bislang verborgene Potentiale an *Motivation, Identifikation, Eigeninitiative und Verantwortungsbereitschaft* seitens der Mitarbeiter/innen erschlossen werden. Die Mitarbeiter/innen verinnerlichen »ihre« Ziele; damit kann das vielbeschworene, aber selten wirklich erreichte unternehmerische Denken und Handeln der Beschäftigten (»Mitunternehmertum«) nachhaltig gestärkt werden.

Beteiligung und Mitbestimmung

Zudem ist eine authentische Zielvereinbarung ein stark *beteiligungsorientiertes* Instrument, ermöglicht es doch den Betroffenen, eigenständig die für sie maßgeblichen Leistungs- und Arbeitsbedingungen zu beeinflussen.[17] Sie erhalten gegenüber den Vorgesetzten eine gewisse – natürlich je nach Situationsbedingungen stark unterschiedlich ausgeprägte – Verhandlungsmacht.

In einer bestimmten Hinsicht kann Zielvereinbarung auch zur Stärkung der Arbeitsplatzebene im Sinne umfassender Mitbestimmungs-Konzepte beitragen. Wie Tondorf (1998a, S. 389) zu Recht betont, ist es nicht möglich, spezifische, arbeitsplatzbezogene Ziele wie auch die Leistungsmaßstäbe durch den Betriebs- bzw. Personalrat »zentral« zu regeln.[18] Damit sind die Mitarbeiter/innen verstärkt gefordert, in dem zentral abgesteckten Rahmen ihre Sichtweisen und Positionen zu behaupten. Dies mag viele, besonders am Anfang, überfordern; es ist aber zugleich eine Entwicklungschance, in einem mittelfristigen Prozeß zu

17 Ob es sich bei den Zielvereinbarungskonzepten aber tatsächlich um »einen wichtigen Beitrag zur Mitbestimmung der Arbeitnehmer am Arbeitsplatz« handelt (Mungenast 1990, S. 263), wird wesentlich von den konkreten Gestaltungsmodalitäten abhängen (vgl. unten). Vgl. aber auch so ähnlich Tondorf (1998a, S. 388), die von einem möglichen »Zugewinn an Mitbestimmung« spricht.

18 »Zum Schutz der Beschäftigten vor zu hoher Leistungsintensivierung kann er allenfalls Grundsätze über zumutbare Leistungspensen aushandeln, eine Automatik für ständig steigende Ausgangsleistungen bei neuen Zielvereinbarungen ausschließen und weitreichende Reklamationsrechte verankern« (Tondorf 1998a, S. 389).

lernen, sich selbst stärker im eigenen Arbeitsbereich einzubringen und zu artikulieren. Die Mitbestimmung auf Betriebsebene kann über solche Ansätze einen besseren Unterbau auf der Arbeitsplatz- bzw. Arbeitsbereichsebene bekommen, auf der die Betroffenen selbst als Akteur »in eigener Sache« in Erscheinung treten.

Orientierung, Autonomie und Selbstkontrolle

Die Beschäftigten können ferner die an sie gerichteten Erwartungen gut erkennen, erhalten konkretes Feedback und Orientierung. Sie wissen, wo sie bei ihrer Arbeit Schwerpunkte setzen müssen. Zudem können sie bei festgelegten Zielen Autonomiespielräume und Selbstbestimmungspotentiale bei den Wegen der Zielerreichung beanspruchen. Durch die Orientierung an Zielen als Steuerungsmechanismus und eine Konzentration der Beurteilung auf einen Soll/Ist-Vergleich am Ende einer feststehenden Periode tut sich das Management oft leichter damit, den Beschäftigten »zwischendurch« mehr Raum für selbständiges und selbstverantwortliches Agieren inklusive einer Selbstkontrolle zuzugestehen und direktive Eingriffe zurückzuschrauben (vgl. Knicker 1996, S. 462; Schau 1998, S. 72).

Kommunikation und Anerkennung

Zudem kommt es den Mitarbeiter/innen und Vorgesetzten vielfach durchaus gelegen, sich einmal im Rahmen eines Zielvereinbarungsgesprächs in Ruhe verständigen und Sichtweisen austauschen zu können. Dieser prinzipiell mit allen Zielvereinbarungs-Modellen verbundene *Kommunikationszweck* ist grundsätzlich als Chance zu begreifen, jedenfalls sofern der dialogische Charakter des Gesprächs von den Beteiligten, d.h. insbesondere von den Vorgesetzten, befolgt wird.

Wissenschaftliche Untersuchungen belegen darüber hinaus, daß viele Arbeitnehmer/innen ein Bedürfnis nach Anerkennung ihrer Leistungen und nach dem Aufzeigen beruflicher Entwicklungsmöglichkeiten haben (Baethge/Denkinger/Kadritzke 1995). Das kann zu Klarheit und Transparenz beitragen und sollte als berechtigtes Interesse aufgegriffen werden.

Förderung und Personalentwicklung

Darüber hinaus ist es zu begrüßen, wenn mit Zielvereinbarungen *Personalentwicklungs- und Förderungsziele* angestrebt werden. Es gibt nur wenige Unternehmen, in denen eine systematische Entwicklungsbedarfsplanung betrieben wird. Dieses Defizit wirkt sich letzten Endes auch zu Lasten der Arbeitnehmer/innen aus, so daß auch in diesem Punkt mit einem entsprechend gestalteten Verfahren Verbesserungen zu erwarten sind (vgl. ausführlicher Breisig 1997b, S. 109f.).

Wenn man schon in einem offenen Dialog über Zielerreichung spricht, gegenseitige Sichtweisen austauscht und (konstruktiv) Stärken und Schwächen bei den Mitarbeiter/innen, aber auch in der Führungssituation und damit bei der/dem Vorgesetzten erörtert, ist es naheliegend, aus den von den Betroffenen selbst diagnostizierten und insoweit sehr aufgaben- und problemnahen Schwächen und Defiziten unmittelbar auf Personalentwicklungs-Bedarfe zu schließen und diese an die zuständige Stelle (z.B. Personalabteilung) weiterzuvermitteln mit der Auflage, für entsprechende Maßnahmen zu sorgen und die Umsetzung zu gewährleisten.

»Bessere« Personalbeurteilung

Auch die Beurteilung der Mitarbeiter/innen an der Zielerreichung ist tendenziell ein Fortschritt gegenüber klassischen Konzepten der Personalbeurteilung. Durch die Orientierung an – möglichst klaren und spezifischen – Zielen findet eine Abkehr von den mit vielen schweren Nachteilen verbundenen merkmalsorientierten Einstufungsverfahren statt (vgl. dazu ausführlich Breisig 1998). Im Mittelpunkt der Betrachtung stehen konkrete Ziele und nicht leere, nahezu beliebig interpretierbare Kriterien. Die Beurteilung rückt dadurch näher an reale arbeitsplatzbezogene Problemlagen heran und orientiert sich – im Gegensatz zu den bekannten Merkmalslisten klassischer Beurteilungen – an einigermaßen konkreten Maßstäben (Schau 1998, S. 74f.). Damit bietet die Zielvereinbarung den Beteiligten bessere Möglichkeiten der Kooperation und Verständigung. Ferner werden die Arbeitsziele der Mitarbeiter/innen eng auf die Gesamtziele des Unternehmens ausgerichtet.

Durch die klare und für alle Beteiligten sichtbare Festlegung von Zielen wird Spielraum für willkürliche Disziplinierung durch die Vorgesetzten reduziert. Die Vorgesetzten können kaum mehr plötzlich und im Nachhinein Nebensächlichkeiten, bei denen etwas schief gelaufen ist, zu Hauptaufgaben hochstilisieren und die Mitarbeiter/innen damit in die Enge treiben.

Ein weiterer Vorteil gegenüber den merkmalsorientierten Beurteilungskonzepten besteht darin, daß auch die Leistungsmaßstäbe (die Zielniveaus) verhandelbar werden. Dies ist bei der klassischen Personalbeurteilung eine Domäne der Vorgesetzten, die sich einer Kontrolle durch Mitarbeiter/innen und Interessenvertretung weitgehend entzieht (Tondorf 1998a, S. 389).

Leistungsgerechte Entlohnung

Durch die Verkopplung von Zielerreichung und Entgelt kann unter Umständen auch eine höhere Leistungsgerechtigkeit in der Entgeltverteilung erzielt werden. Das Gerechtigkeitsargument wird aber oft etwas überstrapaziert. Auch Zielvereinbarungen sind, wie noch zu zeigen sein wird, kein Patentrezept zur Herstellung von Entlohnungsgerechtigkeit.

Besonders intensive Chancen im Zusammenhang mit »neuer Arbeitskultur«

Zielvereinbarungen können ihre Vorteile und Chancen aus Sicht des Unternehmens wie auch der betroffenen Mitarbeiter/innen erst richtig entfalten, wenn sie eingebettet sind in ein Gesamtkonzept neuer Formen der Zusammenarbeit oder – wie Frieling (1994, S. 121f.) es ausdrückt – eine »neue Arbeitskultur.« Wie in der Einleitung dieses Buches kurz erwähnt, eignen sich Zielvereinbarungen zur Verknüpfung mit anderen Instrumenten und Konzepten einer kooperativen, dezentralen und die »Humanressourcen« besonders betonenden Personalpolitik. Dazu gehören z.B.

- »moderne« Leitlinien und Führungsgrundsätze mit Elementen kooperativer Führung und hoher Gesprächs- bzw. Dialogintensität;
- eine interessante, abwechslungsreiche und anregende Gestaltung der Arbeitsorganisation (z.B. Gruppenarbeit) in Verbindung mit einem »kontinuierlichen Verbesserungsprozeß«;

- Betrachtung der Organisationseinheiten als dezentrale, selbststeuernde Elemente;
- Kooperation im Sinne eines internen Kunden-Lieferanten-Verhältnisses anstatt über hierarchische Strukturen und Anweisungen;
- ein intensives und bedarfsgerechtes Konzept der Personalentwicklung.

Eine solche Arbeitskultur bricht mit den Funktionsmechanismen klassischer, auf Über- und Unterordnung und Dienstwege abstellender hierarchisch-bürokratischer Steuerung. Sie erfordert veränderte Einstellungen und Werte aller Beteiligten, insbesondere der Führungskräfte, die Macht und Privilegien abgeben müssen und sich mehr auf eine begleitende Rolle im Sinne eines »Coaches« und Dienstleisters sowie auf übergeordnete Lenkungs- und Koordinationsaufgaben konzentrieren müssen. Die einzelnen Einheiten, Teams und Mitarbeiter/innen haben eine erheblich höhere Selbstverantwortung für ihr Tun, benötigen dazu aber auch die entsprechenden Freiheiten und Entscheidungskompetenzen.

Für ein solches Konzept (teilautonomer) Selbststeuerung und Kooperation ist es erforderlich, daß sich die Einheiten, Teams oder Mitarbeiter/innen in ihren Handlungen und Entscheidungen an vorher vereinbarten Zielen orientieren und daß sie über die erforderlichen Informationen und Instrumente (wie z.B. Arbeitsmittel, Budgets usw.) zur eigenständigen Verfolgung dieser Ziele verfügen. Ständig greifbare Informationen sind unentbehrlich, um Feedback zu bekommen, den Stand der Zielerreichung ablesen zu können und Veränderungen im Prozeß zu erkennen. Erst diese ständige Rückkopplung macht Anpassungsprozesse und Lernhandlungen möglich.

Die Integrierbarkeit von Zielvereinbarungen mit anderen Kooperationskonzepten im Rahmen einer veränderten Arbeitskultur soll an einem *Beispiel* aus der Metallindustrie, der *Carl Schenck AG*, gezeigt werden (vgl. Heisel 1995, S. 342ff.).[19]

Bereits Ende der 80er Jahre wurde in diesem Unternehmen von Management und Betriebsrat in Wahrnehmung der kritischer werdenden Situation auf den Märkten der Anlagen- und Investitionsgüterin-

19 Als ein weiteres Beispiel könnte hier das »Total Quality Management«-Projekt der Stadt Saarbrücken mit integrierter Zielvereinbarung beschrieben werden (vgl. Hirschfelder 1998).

dustrie ein neues Führungs- und Organisationskonzept erarbeitet mit dem Titel »Neue Form der Zusammenarbeit« (NFZ). Die wichtigsten Elemente daraus sind:

- »veränderte Arbeitsorganisation
- neue prozeßorientierte Aufgabenstrukturen
- größere Handlungsspielräume im Sinne von unternehmerischem Denken und Handeln
- weitgehend selbstverantwortliche Gruppenarbeit
- neues Rollenverständnis von Mitarbeitern und Führungskräften
- Entlohnung auf Basis von Zielvereinbarungen« (ebenda, S. 343).

Ziele und grober Ablauf des NFZ-Projektes gehen aus der folgenden Übersicht hervor:

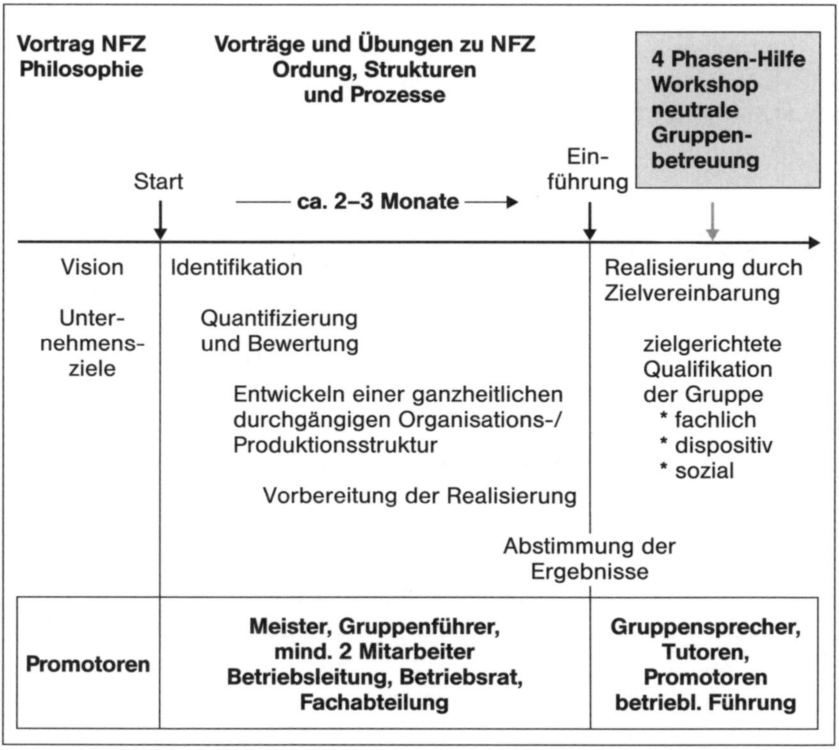

Übersicht 4-1: Ziele und Ablauf des Projektes »Neue Form der Zusammenarbeit« bei der Carl Schenck AG (aus Heisel 1995, S. 344)

Die Gruppen erhalten eine ausführliche Qualifizierung, die weit über fachliche Aspekte hinausgeht. Als weitere Qualifikations-Komponenten wird großer Wert auf *dispositive* Aspekte (betriebswirtschaftliche Grundlagen, Planungs- und Steuerungswerkzeuge, betriebliche Abläufe und Zusammenhänge, Informationssysteme) sowie auf *soziale Kompetenzen* (Kooperation, Kommunikation, Konfliktfähigkeit, Gruppendisziplin, Moderation von Gruppengesprächen) gelegt.

Die Zielvereinbarung ist ein weiteres zentrales Elemente innerhalb des NFZ-Projektes. Vorgesetzte/r (die sog. »Betriebssegmentleitung«) und Gruppe formulieren regelmäßig zeitlich begrenzte Ziele hinsichtlich der folgenden Zielfelder:
»• Sicherung des Arbeitsplatzes (Unternehmen)
- Kundenzufriedenheit (intern/extern)
- Förderung der Selbstentfaltung
- Förderung der Arbeitszufriedenheit
- Optimierung der Motivation
- Verbesserung der Einsatzmöglichkeiten der Mitarbeiter
- Hebung des Qualifikationsniveaus
- ökonomische Ziele« (ebenda, S. 351f.).

Der Zielvereinbarung-Prozeß der Carl Schenck AG erfolgt – wie im idealtypischen MBO-Prozeß (vgl. Abschnitt 2.4) – kaskadenförmig von oben nach unten bis auf die unterste Ebene (siehe Übersicht 4-2). Besonderer Wert wird darauf gelegt, »Konsens in der Zielsetzung herzustellen, da dadurch eine hohe Effizienz in der Umsetzungsphase gewährleistet wird. Naturgemäß gibt es bei der Zielumsetzung Gegensätze, Widerstände, Abteilungs- und Personalinteressen, deren Klärung in der Umsetzungsphase oftmals zeitintensiver und damit wesentlich kostspieliger wird« (ebenda, S. 353).

Im Wege dieser »Konsens-Philosophie« werden auf der Ebene der (teilautonomen) Arbeitsgruppen neben den ökonomischen Zielsetzungen des Unternehmens, die in besagtem kaskadenförmigen Prozeß heruntergebrochen werden, auch die Zielvorstellungen der einzelnen Teams bzw. ihrer Mitarbeiter/innen einbezogen. Dies geht aus dem dritten Schaubild dieses Unternehmens-Falles hervor (siehe Übersicht 4-3, S.56).

Einzelschritte		Personenkreis	Bemerkungen
0	Unternehmenszielsetzung definieren	Costcenter- und Betriebssegmentleitung	• Termintreue • Stückkosten • Qualität
1	Geeignete Periodenziele (Bewertungsmerkmale) entsprechend der betriebl. Situation auswählen	Betriebssegmentleitung	• beschreiben • Kennzahlen
2	Periodenziele auf Basis des betriebl. IST-Zustandes und der Unternehmenszielsetzung der Gruppe mitteilen	Betriebssegmentleitung und Gruppensprecher	
3	Abstimmung innerhalb der Gruppe	Gruppe (und Tutor)	• alternative Ziele • Leistungsniveau • Realisierungszeitraum
4	Abschluß der Zielvereinbarung	Betriebssegmentleitung und Gruppensprecher	• Gewichtung der Ziele • Laufzeit • Bewertungskriterien
5	Information der Gruppe im Periodenzeitraum	Betriebssegmentleitung	• Kennzahlen zur Zielerfüllung je Monat • Ereignisse
6	Summarische Bewertung der Zielerfüllung	Betriebssegmentleitung	• Feedback mit ...

Übersicht 4-2: Einzelschritte der Zielvereinbarung bei der Carl Schenck AG (aus Heisel 1995, S. 353)

Die vereinbarten Ziele werden zusammen mit potentiellen Bewertungskriterien in einem »Gesprächsprotokoll« festgehalten (Übersicht 4-4, S. 57).

Die Zielerreichung wird nach Ablauf der Periode durch die/den Vorgesetzte/n anhand von Zielerreichungs-Graden bewertet. Die Gruppe bekommt je nach Zielerreichung eine *zielorientierte Gruppenzulage* (ZOG), die auf alle Köpfe gleich verteilt wird.

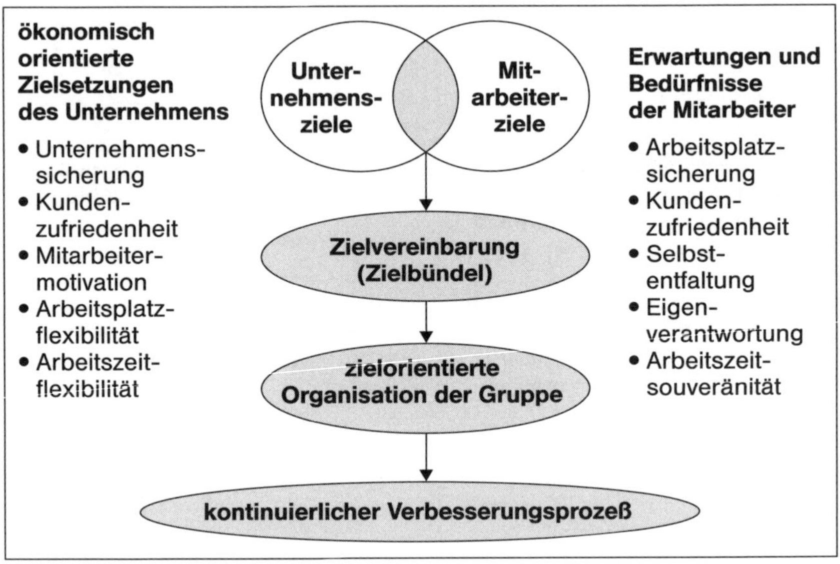

Übersicht 4-3: Integration der Unternehmens- und Mitarbeiter/inner-Ziele bei der Carl Schenck AG (aus Heisel 1995, S. 352)

Die Vorgesetzten (»Betriebssegmentleitungen«) sind bei ihrer Bewertung nicht sklavisch an die vorgegebenen Ausprägungsstufen (siehe das Beispiel in Übersicht 4-4) gebunden, sondern können auch situative Faktoren wie das Engagement der Gruppe oder veränderte Rahmenbedingungen berücksichtigen.

4.2 Risiken und Probleme

Diese nicht zu bestreitenden Vorteile und Chancen von Zielvereinbarungs-Konzepten werden in der Fachliteratur entsprechend breit beschrieben und gefeiert. Dabei wird mitunter vernachlässigt, daß es natürlich auch »Pferdefüße« bei diesem Instrument gibt. Zielvereinbarungen können – je nach Gestaltung und Situation – Risiken für die Interessen der Mitarbeiter/innen wie auch eine Fülle eher praktischer Probleme beinhalten. Wenn ich im folgenden ausführlich auf diese Risiken und Probleme eingehe, bedeutet das nicht zugleich eine Geringschätzung der oben skizzierten Chancen, sondern ist vielmehr dem Umstand der Vernachlässigung dieser heiklen Aspekte geschuldet. Zu-

Gesprächsprotokoll zur 1. Zielvereinbarung

Für den Zeitraum vom 01. 11. .. bis 31. 03. .. werden zwischen NFZ-Gruppen Werkzeugbau/Werkzeugwesen und der Betriebsleitung nachfolgende Ziele vereinbart:

1. Ziel (Merkmal 1)	Die Gruppe senkt den Stundensatzanteil für Lohn und Gehalt durch Reduzierung der Gemeinkostenstunden und Umsetzung in Produktivstunden im Durchschnitt der Periode um mehr als 5 %. Der bisherige Stundensatzanteil für L + G beträgt 52,– DM/h.
	Bewertungskriterien: sehr gut: > 10 %, gut: > 7–10 %, genügend: > 5–7 %
2. Ziel (Merkmal 2)	Die Aufwendungen für Werkzeug- und Vorrichtungskosten betrugen im GJ ... ca. 30000 DM/Monat. Diese Kosten stehen weitestgehend proportional zu den geleisteten Fertigungsstunden der mechanischen Vorfertigung mit ca. 12400 h/Monat. Durch eine verbesserte Organisation der Gruppe und Abstimmung mit den Fertigungsbereichen sollen die Aufwendungen für Werkzeug- u. Vorrichtungs-Kosten, unter Einbeziehung der tatsächlich geleisteten Fertigungsstunden, um mehr als 10 % reduziert werden.
	Bewertungskriterien: sehr gut: > 20 %, gut: > 15–20 %, genügend: > 10–15 %
3. Ziel (Merkmal 3)	Die Gruppe verbessert ihre Zusammenarbeit derart, daß Terminverzüge vermieden und die Fertigungsdurchlaufzeiten reduziert werden.
	Bewertungskriterien: nach summarischen Gesichtspunkten
Sonstiges	Die Gruppe erhält monatlich alle erforderlichen betrieblichen Kennzahlen. Die Bewertung der Zielerfüllung erfolgt im 5. Monat auf Basis der kumulierten Kennzahlen bis einschließlich dem 4. Monat.

Darmstadt, den ...
Betriebsleitung Gruppensprecher

Übersicht 4-4: Zielvereinbarungs-Protokoll mit Beispiel (aus Heisel 1995, S. 355) dem kommt es mir darauf an, die problematischen Punkte im Hinblick auf mögliche Gestaltungsansätze zu ihrer Einschränkung transparent zu machen.

Bei der Darstellung der Schwierigkeiten wird danach differenziert, ob es sich um ein primär praktisch-konzeptionelles Problem oder eine Gefährdung vor dem Hintergrund der potentiellen Interessenlage der Arbeitnehmer/innen handelt. Dabei ist klar, daß die Zuordnung zu der einen oder anderen Kategorie nicht immer eindeutig ist.

4.2.1 Praktisch-konzeptionelle Probleme

Operationalisierbarkeit von Zielen und Messung der Zielerreichung

Ein generelles und grundsätzliches Problem von Zielvereinbarungs-Konzepten besteht darin, daß es bei vielen Arbeitsplätzen aufgrund der Natur ihrer Aufgaben Schwierigkeiten bereitet, *operationale und klare Ziele* statt einer vagen Umschreibung von Tätigkeitsinhalten festzulegen. Der ursprüngliche MBO-Ansatz ist zwingend mit der Forderung verbunden, möglichst exakte, ja nur rein quantitative Ziele oder Kennzahlen (vgl. Bühner 1996) als »meßbare« und in ihrer Erreichung kontrollierbare Steuerungsgrößen zuzulassen (vgl. z.B. Steinmann/Schreyögg 1993, S. 680). Dies stößt aber in vielen Bereichen auf große Schwierigkeiten. Wird diese Voraussetzung streng zu befolgen versucht, ist der Anwendungsbereich in der Tat stark eingeschränkt. Jedwede Form von komplexeren und/oder unbestimmten Aufgabeninhalten fällt dann heraus. Ferner entziehen sich gerade die in der »Dienstleistungsgesellschaft« für Fragen wie Qualität und Kund/innen-Orientierung ausschlaggebenden Verhaltensweisen der Mitarbeiter/innen wie fachkundige und findige Beratung, ein freundlicher Umgang mit einer unzufriedenen Kundin am Telefon, das Einbringen von Kenntnissen und Ideen zur Produktinnovation usw. weitgehend einer »objektiven« Erfassung.

Als praktische Lösungen dieses Grundproblems, das den Anwendungsbereich von Zielvereinbarungen stark einzuengen droht, werden zwei Wege eingeschlagen (alternativ oder in Kombination).

Die erste Möglichkeit ist der Versuch, ein altbekanntes und oft zitiertes Motto von Galileo Galilei zu beherzigen: *»Miß, was meßbar ist, und was nicht meßbar ist, versuche meßbar zu machen!«*

Dies gelingt einmal mehr und einmal weniger gut. Die Konsequenz ist jedenfalls oft, daß die Zielerreichungsgrade auf reichlich gekünsteltem Wege über irgendwelche Hintertüren zu »messen« versucht werden. Dabei bedeutet »Messen« in vielen Fällen lediglich, daß man nach *zahlenmäßigen Ausdrucksformen* trachtet, deren methodische Angemessenheit nicht weiter hinterfragt wird (»Hauptsache: Zahlen«).

Beispiel: Zielgrößen im Zusammenhang mit der Kund/innen-Zufriedenheit werden anhand einer Befragung von (einigen wenigen) Kund/innen und auf der Grundlage eines »handgestrickten« Fragebogens »gemessen« – wohlwissend, daß gerade Zufriedenheitsbefragungen ein methodisch sehr anspruchsvolles Unterfangen sind[20] und die zahlenmäßige Basis von z.B. 10 bis 20 auswertbaren Fragebögen viel zu niedrig ist, um daraus ein repräsentatives Bild abzuleiten.

Auch kann man andere zahlenmäßige Größen ins Spiel bringen wie z.B. Reklamationsquoten aus der Kundschaft, die Anzahl von Verbesserungsvorschlägen oder dergleichen. Aber auch dabei ist fraglich, ob sie als objektives Abbild der dahinterstehenden Mitarbeiter/innen-Leistungen (z.B. für Serviceorientierung, Innovationsaktivität) taugen. Insbesondere weiß man nie genau, wofür sie eigentlich stehen. So kann z.B. eine hohe Reklamationsquote mehr mit einem schlechten Produkt zu tun haben als mit einer unzureichenden Beratungsleistung von Mitarbeiter/innen.

Durch solche vermeintlichen Indikatoren kommen unter Umständen hochgradig ideologische betriebswirtschaftlich-technische Meßbarkeitsansprüche und Objektivierungsphantasien in die Leistungserfassung hinein. Solange es sich nicht um wirklich zuverlässige Daten handelt, deren Ausprägung auch ein (zumindest annäherndes) Abbild der Mitarbeiter/innen-Leistungen darstellt (und nicht ebenso von irgendwelchen situativen Rahmenbedingungen beeinflußt wird), ist nicht viel gewonnen. Werden nämlich die Mitarbeiter/innen für schlechte Werte, die auch auf Zufälligkeiten und Problemen in der Erfassung und/oder situative Einflüsse (z.B. schlechte Konjunktur) zurückzuführen sind, durch niedrigere Entlohnung oder andere Konsequenzen ab-

20 Das wissen wir z.B. aus der Arbeitszufriedenheits-Forschung. Viele Jahrzehnte intensiver Forschungsbemühungen haben bis heute kein rundum überzeugendes Konzept zur Messung der Arbeitszufriedenheit von Beschäftigten hervorgebracht.

gestraft, fühlen sie sich ungerecht behandelt und neigen zu Frustration und künftiger Leistungszurückhaltung.[21]

Außerdem steht bei intensiver Verfolgung dieses Weges zu befürchten, daß ein breites Indikatoren-Set zur Leistungs- und Verhaltenskontrolle der Mitarbeiter/innen entsteht mit all den negativen und für die Persönlichkeitsrechte der Beschäftigten problematischen Folgewirkungen.

Der zweite Weg zur Bewältigung des Operationalisierungsproblems besteht darin, daß bei entsprechend vagen und komplexen Tätigkeitsinhalten *auch qualitative und relativ vage Zielformulierungen* in die Zielvereinbarungen mit einbezogen werden dürfen, wobei das Entscheidende ist, daß sich die beiden Beteiligten auf eine überschaubare Zahl von Zielen/Aufgaben gemeinsam verständigen.[22] Die Folge ist dann, daß zwischen Zielen und Aufgaben kaum mehr sinnvoll unterschieden werden kann (vgl. Breisig 1998, S. 314). Man kann aber die Parteien gerade für diese Art von Zielen/Aufgaben auffordern, daß sie sich zugleich über Merkmale, Indikatoren, Sachverhalte verständigen, an denen man nach Ablauf der festgelegten Periode inetwa erkennen kann, ob das Ziel gut oder weniger gut erreicht worden ist.

Ein Beispiel für eine qualitative Zielvereinbarung auf einer typischen Stelle mit schwer operationalisierbaren Inhalten ist die in Übersicht 4-5 wiedergegebene zwischen einer Sekretärin und ihrem vorgesetzten Abteilungsleiter, die die beiden im Rahmen des sog. »Targeted Performance Management«-Systems einer deutschen Niederlassung des amerikanischen Konzerns AT&T getroffen haben.

Natürlich ist auch diese Lösung der Zulassung qualitativer Zielvereinbarungen problembehaftet. Bei diesem Beispiel läßt sich nur teilweise vorstellen, daß man sich auf klare Indikatoren der Zielerreichung verständigen kann. Bei vielen dieser vagen Zielbeschreibungen wird man um eine auf freiem Ermessen beruhende *Beurteilung* des Zielerreichungsgrades aufgrund der *Wahrnehmungen der/des Vorgesetzten* nicht

21 Vgl. zu diesen Zusammenhängen ausführlich Sprenger (1993) mit seinem imposanten Werk »Mythos Motivation«.

22 So haben z.B. Wunderer u.a. (1979, S. 123) bereits früh darauf hingewiesen, daß für wissenschaftliches Personal in der Regel nur qualitative Vorgaben sinnvoll entwickelt werden können.

»1. Steuerung des Einsatzes von Bedarfsarbeitsverhältnissen und Fachhochschul-Praktikanten sowie Einarbeitung der Azubis zur Vertretung von Frau K.; 2. Planung/Organisation von Produkt-Workshops, Führungskräfte-Tagungen etc.; 3. Unterstützung bei der Ermittlung des Kostenschlüssels 93; 4. Erledigung der Sachbearbeiter- und Sekretariatsaufgaben – noch stärkere Vorbereitung/-Entscheidung; 5. Reorganisation der Abläufe im Stab in Kooperation mit Herrn S. und Frau M. (bessere Kontrolle der Reinigungsrechnungen/-verträge, Erstellung Abteilungs-Organisations-Chart, Telefonnebenstellen-Übersichten, etc.); 6. Weiterbildung: Produkt-Workshop, Englisch-Kurs; 7. Erstellung von Auswertungen/Statistiken (Nutzung Demo-Equipment, Veranstaltungsstatistik, etc.).«

Übersicht 4-5: Zielvereinbarung zwischen Sekretärin und Abteilungsleiter bei AT&T (aus Schettgen 1996, S. 250)

umhin können – mit all den Schwierigkeiten und Unzulänglichen, die mit solchen Beurteilungsakten verbunden sind (vgl. ausführlich Breisig 1998).

Mangelnde Beeinflußbarkeit durch die Mitarbeiter/innen

Wie gerade schon im Zusammenhang mit dem Operationalisierungsproblem angedeutet, besteht eine weitere verbreitete Schwierigkeit von Zielvereinbarungs-Konzepten in der *Beeinflußbarkeit der Ziele durch die Mitarbeiter/innen.* Im Prinzip wird unterstellt, daß allein die Mitarbeiter/innen mit ihrem Leistungsverhalten für das Erreichen oder Nicht-Erreichen der Ziele verantwortlich sind. In vielen realen Aufgabenzusammenhängen ist aber nichts falscher als das, denn in Wirklichkeit sind diverse Situationsbedingungen aus einem komplexen Geflecht marktlicher, konjunktureller, preislicher, produktbezogener, führungsmäßiger oder sonstiger Faktoren ebenso für eine gute oder schlechte »performance« verantwortlich (vgl. Sprenger 1993, S. 95). Insofern ist es oft fahrlässig, quantitative Ziele bzw. deren Erreichungsgrad als »objektiven« Indikator der Leistung der Mitarbeiter/innen auszugeben. Wird dieser Zusammenhang aber systematisch durch das Verfahren unterstellt, fühlen sich die Mitarbeiter/innen im Falle von nicht von ihnen zu vertretenden Abweichungen zu »Straftätern« (Sprenger) degradiert und werden das System als ungerecht empfinden (vgl. schon oben).

Die Untersuchung von Baethge/Denkinger/Kadritzke (1995, S. 101) über hochqualifizierte Angestellte hat gezeigt, daß dieses Problem von den Betroffenen insbesondere dort als gravierend empfunden wird, »in deren Arbeitsfelder kaum absehbar ist, welche Probleme sich auf dem Weg zum Ziel stellen und wie diese gelöst werden können.« Die Leistungserfassung auf der Basis von Zielerreichungsgraden wird wegen der unzureichenden Prognostizierbarkeit und Beeinflußbarkeit als willkürlich erlebt.[23]

Als in dieser Hinsicht schwierig und risikoreich müssen viele *betriebswirtschaftliche Erfolgskriterien* von Unternehmen oder Bereichen (z.B. auf den sog. Deckungsbeitrag bezogen) gelten. Solche Zielvereinbarungen sind aus Arbeitgebersicht sehr attraktiv, weil sie zu einer Variabilisierung der Kosten führen: die leistungs- bzw. erfolgsorientierten Vergütungsbestandteile fallen nur dann an, wenn sich auch ein betriebswirtschaftlicher Erfolg eingestellt hat. Das Problem für die betroffenen Arbeitnehmer/innen besteht jedoch darin, daß viele dieser Zielbereiche durch ihre Leistung kaum beeinflußbar sind und statt dessen von vielen anderen, kaum kalkulierbaren Aspekten abhängen. Außerdem werden dann in kaum tragbarer Weise unternehmerische Risiken auf die Beschäftigten abgewälzt: Sie tragen nicht nur das Arbeitsplatz – sondern auch noch ein finanzielles Risiko.

Zu den nicht beeinflußbaren Zielen sind im übrigen auch die Krankheits- und Fehlzeitenquoten zu rechnen, die z.T. auf Betreiben der Arbeitgeber Eingang in Zielvereinbarungen finden sollen (Hlawaty 1998, S. 44).

Folgenschwere Fehlsteuerungen

Ein weiteres Problem hängt mit der Eigenschaft von Zielsystemen zusammen, daß die »festgerasteten« Ziele als Steuerungsmechanismus

23 Vgl. auch die in der Studie zitierten Interviewäußerungen von Betroffenen (Baethge/Denkinger/Kadritzke 1995, S. 102).

durch Aufmerksamkeits- und Aktivitätslenkung und durch Anstrengungsmobilisierung fungieren (vgl. die »Zieltheorie der Arbeitsmotivation« in Abschnitt 2.4). Dieser globalen Steuerungsfunktion kann nur dann wirklich genügt werden, wenn es gelingt, die *für eine Arbeitsaufgabe wichtigen* Leistungen und Verhaltensweisen *erschöpfend und vollständig* mit den Zielvereinbarungen abzudecken. Dies stößt sich aber schon mit der im MBO-Konzept so betonten quantitativ-ökonomischen Ausrichtung der Ziele (z.B. Umsätze im Außendienst) und der nur nach möglichst »harten« Daten bemessenen Zielerreichungsgrade (vgl. oben). Die in solchen Konzepten enthaltene Botschaft an die Mitarbeiter/innen lautet, überspitzt ausgedrückt: Umsatz – Umsatz – Umsatz ohne Rücksicht auf Verluste. Durch eine solche »Quantitätsmeierei« (Wunderer u.a. 1979, S. 126) kann es zu *folgenschweren Fehlsteuerungen* kommen, die sich vor allem zu Lasten der schwer quantifizierbaren, mehr qualitativ-langfristigen Ziele wie Kund/innen-Beratung, Stabilisierung der Kund/innen-Bindung, Teamfähigkeit, Kooperationsbereitschaft oder Innovationsverhalten auswirken (vgl. Sprenger 1993, S. 99; Kohn 1994; Oechsler 1992, S. 39).

Verbindlichen Zielgrößen haftet ohnehin das Problem an, daß die Flexibilität zumindest eingeschränkt und der Blick für mögliche (bessere?) Alternativen verlorengeht. Es läßt sich auch ironisch formulieren: je verbindlicher die festgelegten Ziele, um so größer die dadurch erzeugten Scheuklappen.[24]

Als besonders gravierend erscheint aufgrund solcher Fehlsteuerungen die Gefahr, daß bei Zielvereinbarungs-Systemen mit einer starken Orientierung an individuellen (Leistungs-) Zielen mehr gegen- als miteinander gearbeitet wird.[25] Dies gilt natürlich besonders dann, wenn diese Individuen noch in einer Wettbewerbsbeziehung untereinander stehen und ihre Leistungswerte unmittelbar (vielleicht sogar öffentlich) miteinander verglichen werden und womöglich noch Ranglisten (»Rankings«) erstellt werden (vgl. unten). Experimente von Campbell/Furrer (1995) haben belegt, daß solche individuellen Zielsysteme unter Konkurrenzbedingungen entgegen der Meinung vieler »Wettbewerbs-

24 Vgl. so ähnlich Baethge/Denkinger/Kadrizke (1995, S. 103).

25 Verschiedentlich in der Literatur auftauchende Behauptungen, wonach Zielvereinbarungen »zwangsläufig« den Teamgeist stärken (vgl. z.B. Schau 1998, S. 73), entbehren meines Erachtens jeder Grundlage.

verherrlicher« eben nicht zu einer höheren Leistung führen. Als Gründe führen sie zunehmende Ängste und Sorgen unter den Mitarbeiter/innen, Vertrauensverlust und eine Verminderung »intrinsischer« Motivation an. Daher plädieren die Autoren dafür, auf die Unabhängigkeit der Arbeitsleistung vom Zielerreichungsgrad anderer Mitarbeiter/innen zu achten.[26]

Von einer problematischen und auch im Sinne des Unternehmens nicht wünschenswerten Fehlsteuerung muß im übrigen auch dann ausgegangen werden, wenn bei *teamartigen Arbeitsstrukturen* individuelle Vereinbarungen und daran gekoppelte Beurteilungen erstellt werden sollen. Aus einer echten Teamleistung lassen sich Einzelbeiträge kaum sinnvoll herausmodellieren, und es ist auch nicht im Sinne einer sinnvollen Steuerungswirkung, wenn man die Betroffenen durch teammäßige Arbeitsorganisation bei individualisierter Bewertung einem »Spannungsfeld zwischen Profilierung und Teamarbeit« aussetzt (Baethge/Denkinger/Kadritzke 1995, S. 106). »Die Unternehmen,« so folgern die drei Autoren dieser Studie, »haben den Wandel der Arbeitsstrukturen hin zu gruppenorientierter Arbeit in den Formen der Leistungsregulierung noch nicht nachvollzogen« (ebenda).

Zielniveaus niedrig halten

Gerade bei einer Verkopplung mit dem Entgelt enthalten Zielvereinbarungs-Systeme schließlich das folgende praktische Dilemma. Offiziell sollen die Ziele aus einsichtigen Gründen möglichst hoch angesetzt und von Periode zu Periode in die Höhe geschraubt werden (»Intensivierungspflicht«; vgl. unten). Eine echte Einflußmöglichkeit der Mitarbeiter/innen unterstellt, werden diese jedoch im Zielvereinbarungsgespräch bestrebt sein, die Zielniveaus möglichst niedrig zu halten und anzusetzen. Durch die nunmehr verhältnismäßig leicht gewordene Übererfüllung können die Mitarbeiter/innen ein höheres Entgelt erzielen (vgl. Lang 1998, S. 197).

Knebel (1984, S. 189) reizt diese Situation zu einem Vergleich mit den planwirtschaftlichen Systemen des früheren Ostblocks:

26 Hier nach Lang (1998, S. 198ff.).

»Die negativen Konsequenzen solcher Führungskonzepte kennen wir aus den Planungssystemen der Ostblockländer. Dort besteht bei allen Betroffenen ein starkes Interesse, die Planziele so niedrig wie möglich zu halten, um die persönlichen materiellen Vorteile zu vergrößern. Denn von dem Maß der Übererfüllung der Ziele hängen Prämien direkt ab.«

Hohe Zielniveaus scheinen aufgrund dieses naheliegenden Effektes nur durchsetzbar durch die »starke Hand« der/des Vorgesetzten, was dann aber zu Lasten des Vereinbarungscharakters und der Partnerschaftlichkeit gehen muß. Eine andere Möglichkeit wären Quervergleiche zu anderen, vergleichbaren Positionen, was jedoch nur dann funktionieren kann, wenn es solche gut vergleichbaren Positionen auch gibt.

4.2.2 Risiken für die Interessen der Arbeitnehmer/innen

Unzureichende Beteiligung der Mitarbeiter/innen an der Zielfestlegung

Eines der zentralen Defizite der Zielvereinbarungs-Konzepte aus der Perspektive der betroffenen Beschäftigten besteht häufig in ihrer unzureichenden Beteiligung an der Festlegung der Ziele, obwohl von Ziel*vereinbarung* und nicht von Ziel*vorgabe* gesprochen wird. In der Fachliteratur wird im Zusammenhang mit MBO und der Verknüpfung mit Controlling- und Kennzahlenansätzen (vgl. Abschnitt 2.4) ein eigentlich paradox anmutendes Unterfangen als das Nonplusultra der modernen Führung ausgegeben.

Es wird eine *Zielhierarchie* gefordert, an deren Spitze die Unternehmensleitung in alleiniger Kompetenz die obersten Ziele festlegt. Auf den unteren Ebenen werden dann die Bereichs-, Gruppen- oder Individualziele ermittelt, die mit den jeweils übergeordneten Zielen kompatibel sein und sich ihnen entsprechend unterordnen müssen. Da eine individualisierte, nicht dieser Kompatibilitätsanforderung entsprechende Ziellösung »in der Tendenz als Störfaktor wirken« muß (Steinmann/Schreyögg 1993, S. 681), kann die Zielhierarchie im Prinzip nur durch eine *Vorgabe* der Ziele von oben nach unten umgesetzt werden. Genau das wird aber von der herrschenden Meinung als »autoritäre Variante« abgelehnt (vgl. z.B. Haitzmann 1996, S. 478; Knicker 1996, S. 463). Statt dessen wird einer »kooperativen Zielvereinbarung« das

Wort geredet, wobei aber in der Regel niemand sagt, worauf denn die Chance der Mitarbeiter/innen beruht, von den *für sie* über die Zielhierarchie vorbestimmten Zielen abweichende durchzusetzen bzw. was im Konfliktfalle passiert.

Lediglich Knicker (1996), der vieldeutig von *Zielbestimmung bzw. -vereinbarung* spricht (ebenda, S. 464), macht deutlich, daß im »Managementalltag« von den Führungskräften oft verlangt werden wird, »sich mit ihren unternehmensrelevanten Zielen ... durchzusetzen« (ebenda, S. 465).

Und in der Beurteilungsbroschüre einer Bank heißt es in seltener Offenheit:

»... eine Vereinbarung von Zielen zwischen wirklich gleichberechtigten Partnern im betrieblichen Entscheidungsprozeß (ist) unrealistisch. ...

Zur gemeinsamen Zielplanung/Jahresplanung ist deshalb nach folgender Methode vorzugehen, die gezielt auch die Sichtweise des Mitarbeiters einbezieht:

- ›Doppelte Planung‹:
  Von oben als Forderungen des Unternehmens.
  Von unten als Einschätzung des Machbaren durch die Betroffenen.
- Kommunikation zwischen den Zielen des Unternehmens und den Zielplanungen der Mitarbeiter auf den jeweiligen Ebenen
- Zielentscheidungen der Führungskraft im Rahmen der Führungskompetenz.«

Übersicht 4-6: Probleme einer Zielvereinbarung aus der Beurteilungsbroschüre einer Bank

In dieser Broschüre wird wenigstens offen zum Ausdruck gebracht, was viele ansonsten mit Ziel»vereinbarung« meinen. Im Grunde stehen die Ziele fest; es gibt allenfalls eine sachte Korrekturmöglichkeit, sofern sich vorbestimmte Ziele als völlig realitätsfern erweisen und die Kompatibilität mit der übergeordneten Zielebene nicht gefährdet ist.

Gewollt ist insoweit häufig nichts anderes als eine *Kommunikation* über Ziele, wie es in dem Bankenbeispiel zum Ausdruck kommt. Auch Neuberger (1984, S. 18) stellt in einer Interpretation von entsprechenden Äußerungen in Führungsgrundsätzen heraus, daß über den Beteiligungsversprechen an die Mitarbeiter/innen im Rahmen der Ziel*vereinbarung* das Schwert der »erwarteten Zielzustimmung« schwebt:

Nach diesem Konzept »ist es wünschenswert, ›Zielvereinbarungen‹ zu treffen, d.h. eine Selbstverpflichtung des Mitarbeiters herbeizuführen, die jedoch – um die Gesamtplanung nicht zu gefährden – nicht allzuweit von der vorgegebenen Zielformulierung entfernt sein darf ...« (ebenda).

In diesem Licht betrachtet, erweisen sich wohl nicht wenige Zielvereinbarungsangebote an die Mitarbeiter/innen als trügerisch, wenn nicht als manipulativ. Die Beschäftigten sollen einbezogen, d.h. es soll über die Ziele gesprochen werden – aber nicht unbedingt um ihnen ein Partizipationsforum zur gleichberechtigten Artikulation und Geltendmachung ihrer Interessen und Vorstellungen bei der Festlegung dieser Steuerungsgrößen zur Verfügung zu stellen, sondern aus simplem *führungstechnischem Kalkül*:

- Sofern die Betroffenen das Gefühl haben, an der Festlegung ihrer Ziele bzw. Aufgaben beteiligt gewesen zu sein, werden sie sich eher mit ihnen identifizieren und für ihre Umsetzung ins Zeug legen als bei völlig fremdbestimmten Vorgaben.[27]
- Zudem verspricht die Einbeziehung der fundierten aufgabenbezogenen Kenntnisse und Erfahrungen der Mitarbeiter/innen eine größere Realitätsnähe bei Zielsetzungsentscheidungen.
- Die Mitarbeiter/innen werden stärker auf die Ziele verpflichtet, wobei unter Umständen sogar die Beweislast umgekehrt wird. Wenn die Ergebnisse nicht an die zuvor festgelegten Solls heranreichen, liegt die Verantwortung und die Begründungspflicht in erheblich höherem Maße (auch) bei den Mitarbeiter/innen. Sie waren an der Festlegung der Ziele zumindest dem Anspruch nach beteiligt und können nun schlecht im nachhinein behaupten, die Solls seien kein geeigneter Maßstab gewesen.

Der Begriff »Vereinbarung« wird im normalen Sprachgebrauch assoziiert mit einer zumindest annähernd gleichgewichtigen Machtposition bzw. dem Fehlen einer Herrschaftsbeziehung zwischen den Beteiligten.[28] Und dieser Bedeutungsinhalt sollte auch für »echte« Zielvereinbarungen gelten. Die Nagelprobe für die Ernsthaftigkeit ent-

27 Vgl. dazu auch die übliche Rollenzuweisung in Zielvereinbarungsgesprächen (Breisig 1987, S. 362f.).

28 Z.B. schließen Arbeitgeber und Betriebsrat nach dem BetrVG in mitbestimmungspflichtigen Angelegenheiten eine Betriebs*vereinbarung* ab, wobei im Falle der Nichteinigung ein Konflikt durch die nach dem Prinzip der Parität funktionierende Einigungsstelle aufgelöst wird.

sprechender Beteiligungsangebote wird also sein, inwieweit die Mitarbeiter/innen *auch im Konfliktfalle eine reale Chance* haben, ihrer Position Geltung zu verschaffen. Gilt hingegen, daß im Falle »ergebnisloser Diskussion« kraft des »Einsatzes der Führungsautorität« der Vorgesetzten auch die nicht akzeptierten Zielgrößen durchgesetzt werden (so Wild 1973, S. 293f.), so ist eine wichtige Anforderung an beteiligungsorientierte Zielvereinbarungs-Konzepte aus Sicht der Arbeitnehmer/innen nicht erfüllt.

Schwierige Rollenerwartung an Führungskräfte

Mit diesem Aspekt hängt unmittelbar ein weiteres Problem zusammen. Das Führen eines Mitarbeitergespräches zur Festlegung von Zielen bzw. Aufgaben für die kommende Periode kann *auch für die Vorgesetzten* zum unkalkulierbaren Eiertanz mit auseinanderstrebenden Rollenerwartungen werden. Zum einen sind sie gehalten, die Zielhierarchie und die dahinterstehenden Planungsansätze gegenüber ihren unterstellten Mitarbeiter/innen durchzusetzen – falls erforderlich mit ihrer formalen Anweisungsbefugnis. Entsprechend schmal kann ihr Korridor denkbarer oder gerade noch tolerierbarer Zugeständnisse sein. Zum anderen erwarten die Mitarbeiter/innen, zu denen sie ja ein kooperatives Verhältnis pflegen sollen, einen regelgerechten Dialog und ein Aufeinanderzugehen im Sinne von Kompromiß- oder gar Konsenslösungen, sofern die Zielvorstellungen auseinanderfallen. Empfinden sie den Gesprächsverlauf so, daß ihnen unter dem Etikett der Beteiligung und Vereinbarung nur im Grunde bereits feststehende Ziele »untergejubelt« werden sollen, so fühlen sie sich unter Umständen manipuliert und ausgetrickst, so daß sie dieses so wichtige Gespräch als Farce erleben und die Glaubwürdigkeit ihrer/ihres Vorgesetzten anzweifeln. Auch um die Vorgesetzten nicht dieser undankbaren und im Grunde perfiden Aufgabe auszusetzen, ist es wichtig, daß beide Parteien ihren Einfluß auf Zielfestlegungen geltend machen können und daß entsprechende Kompromißspielräume bestehen, ohne daß sie von rigorosen Vorgaben der jeweils übergeordneten Ebene von vorneherein erstickt werden.

Zielvereinbarung ja, Autonomie nein

Ein weiteres Problem aus Sicht der Arbeitnehmer/innen tritt dann auf, wenn die klare Zuordnung von Zielen nicht mit der *Zuweisung entsprechend großer Autonomiespielräume* an die betreffenden Mitarbeiter/innen verbunden wird. Wie in Abschnitt 4.1 ausführlich auch anhand eines Praxisbeispieles dargelegt, bieten Zielvereinbarungen vor allem dann Chancen, wenn sie eingebettet sind in eine »neue Arbeitskultur« der Kooperation, Dezentralisierung und Stärkung der Handlungs- und Entscheidungsspielräume der Gruppen bzw. einzelnen Beschäftigten. Mit einem Zielvereinbarungs-Konzept, das im wesentlichen auf einen Soll/Ist-Vergleich aufbaut, können die arbeitsbezogenen Spielräume der Beschäftigten deswegen gut erweitert werden, weil lediglich Soll und Ist zu feststehenden Zeitpunkten verglichen werden und der Weg zur Erreichung des Ist der eigenen Disposition der Mitarbeiter/innen überlassen werden kann. Das schafft Leistungsmotivation und erhöht die Identifikation mit Zielen und Unternehmen.

So weit, so gut. Dieser progressive Ansatz wird aber dann wieder des öfteren, vermutlich aus Angst vor »zu viel« Freiräumen der Mitarbeiter/innen, zunichte gemacht, zumindest erheblich zurückgenommen, wenn zugleich mehr oder weniger rigide Vorgaben gemacht werden, was die Beschäftigten zu tun und zu lassen haben und wie sie ihre Aufgaben und Ziele erreichen. Die Mitarbeiter/innen bekommen Ziele, aber nicht die notwendigen Freiräume und Kompetenzen, um die Zielerreichung durch eigene Entscheidungen und autonomes Handeln zu beeinflussen. Insofern muß ein gut gestaltetes Zielvereinbarungs-Konzept mit einer entsprechenden Gestaltungsfreiheit der Betreffenden bei den Wegen der Zielerreichung einhergehen. Andernfalls wird sowohl das funktionale als auch das emanzipatorische Potential dieses Ansatzes nicht zur Entfaltung gebracht. Man wird in diesem Punkt Frieling (1994, S. 122) zustimmen können, wenn er sagt:

»Um das ›Diktat‹ der Ziel- und Teilzielerreichung wird man nicht herumkommen ... Unzweckmäßig ist es dagegen, das Diktat auf den Prozeß der Zielerreichung auszudehnen.«

Beschränkung auf Führungskräfte und Hochqualifizierte

Wenn man Zielvereinbarungen in Verbindung mit anderen Elementen grundsätzlich als Chance für die Arbeitnehmer/innen hin zu einer veränderten kooperativen Arbeitskultur begreifen will, ist die nicht seltene *Beschränkung der Ansprüche* auf kooperative Zielvereinbarung auf die Mitarbeiter/innen mit Personalverantwortung und hochqualifizierte Spezialist/innen problematisch (Breisig 1987, S. 366f.). Eine solche Differenzierung zwischen »einfachen« Mitarbeiter/innen und Führungsverantwortlichen ist, sofern das Mitarbeitergespräch mit Zielvereinbarung etwas Positives sein soll, meines Erachtens nicht zu halten. Es würde so signalisiert, daß mit den Führungskräften und Hochqualifizierten generell über Arbeitsinhalte, Ziele, Qualifizierung usw. gesprochen wird, während dies etwa mit Sachbearbeiter/innen nicht unbedingt erforderlich ist. In zweiter Linie kann das dann so interpretiert werden: Bei den »einfachen« Mitarbeiter/innen genügt es, wenn sie klaglos das Tagesgeschäft verrichten.

Eine solche Regelung ist diskriminierend und nicht zweckgerecht (Gleichbehandlungsgrundsatz!).

Unterschiede in der Durchsetzungsmacht der Mitarbeiter/innen

Unterstellt, daß keine manipulative, sondern eine authentische Zielvereinbarung stattfindet, so besteht ein weiteres potentielles Problem in den *unterschiedlichen Durchsetzungsmöglichkeiten der Mitarbeiter/innen*, die vom kommunikativ-argumentativen Geschick sowie von ihrer jeweiligen Machtposition gegenüber den Vorgesetzten geprägt werden. Daher ist die Gefahr nicht von der Hand zu weisen, daß *Gewinner/innen und Verlierer/innen* erzeugt werden, wobei sich letztere möglicherweise »für Aufgaben bzw. Ziele einspannen (lassen), die aufgrund mangelnder Motivation nur selten zum gewünschten Erfolg führen« (Schettgen o.J., S. 75). Ist dagegen die Machtposition einzelner Mitarbeiter/innen hoch, können sie diese sogar einbringen, um ihre Zielniveaus niedrig anzusetzen und den Verdienst zu erhöhen (vgl. den letzten Punkt unter Abschnitt 4.2.1).

Aus diesem Grunde muß ein besonderes Augenmerk auf die potentiellen Verlierer/innen gerichtet werden, für die ggf. in stärkerem Ausmaß Qualifizierungsmaßnahmen erforderlich sind und die z.B. – auf ihren Wunsch hin – mit Beistand eines Mitglieds des Betriebs- bzw. Personalrats in das Zielvereinbarungs-Gespräch hineingehen.

Einseitige ökonomisch-quantitative Interpretation bei der Art der Ziele

Ein weiterer, mit den bisher dargestellten eng zusammenhängender Problempunkt bezieht sich auf die *Art* der Ziele. Der bisweilen zwanghafte Drang nach Quantifizierung geht oft Hand in Hand mit einer entsprechend verengten Interpretation der potentiellen Inhalte von Zielabsprachen zwischen Vorgesetzten und Mitarbeiter/innen. Prädestiniert sind dann nämlich Festlegungen über zu bearbeitende Fallzahlen, Senkung von Ausschußquoten oder Kund/innenreklamationen, Reduzierung des Krankenstandes, Kostenverminderungen, Produktivitätssteigerungen, Termineinhaltungen, Durchlaufzeiten usw. Mithin droht bei Zielvereinbarungs-Konzepten in enger Anlehnung an den MBO-Ansatz eine Vereinseitigung des Absprachepotentials zwischen Vorgesetzten und Mitarbeiter/innen auf ökonomisch-quantitative Leistungsziele. »Die Forderung nach qualifizierten, über die Gewinnmaximierung hinausgehenden Zielen bleibt ... in der Regel nur hypothetisch ...« (Stöber u.a. 1974, S. 98).

Ein fairer, die Mitarbeiter/innen als gleichberechtigte Partei einbeziehender Prozeß muß aber ebenso nicht-quantitative wie nicht-ökonomische Ziele zulassen wie z.B. die Veränderung von Arbeitsbedingungen (etwa Monotonieabbau durch inhaltliche Arbeitsanreicherung, Vermeidung von Zeiten übermäßigen Arbeitsdrucks, Erhöhung der Arbeitssicherheit) oder die Verbesserung des Führungsverhaltens der/des Vorgesetzten.

Wenn das Spektrum der »legitimerweise« zu vereinbarenden Ziele jedoch auf wirtschaftliche Größen beschränkt bleibt, tritt in der Tat das ein, was Ehlscheid u.a. (1997b, S. 491) befürchten: »Es wird der Grad an Bereitschaft zur Zurückstellung der eigenen Interessen bewertet.«

Intensivierungspflicht = Leistungsverdichtung

Eine der oft genannten Anforderungen an ein zielorientiertes Führungskonzept ist die sogenannte *»Intensivierungspflicht«* – ein weiteres denkbares Problem aus Sicht der Mitarbeiter/innen. Nicht nur die Konzentration auf die quantitativ-ökonomischen Zielsetzungen, sondern auch die Einführung einer einzuhaltenden Norm, wonach die Leistungsziele anspruchsvoll, herausfordernd und von Jahr zu Jahr höher ausfallen sollen (Bühner 1996, S. 129ff.: Höchstleistungsziele vereinbaren!), führt unweigerlich zu Leistungsverdichtungen. Das Erreichen eines Zieles geht einher mit einem »Höherlegen der Latte« in der darauf folgenden Periode (Ehlscheid u.a. 1997b, S. 494); Zielvereinbarungen werden zum kontinuierlichen, dynamischen Rationalisierungsinstrument.

Dabei ist es in der psychologischen Fachliteratur durchaus umstritten, ob schwierige Ziele zwingend zu höheren Leistungen führen. So ist es z.B. nach Weinert (1998, S. 175) hochgradig von der sog. *Selbstwirksamkeit* einer Person abhängig, wie sehr sie sich nach einem anspruchsvollen Ziel richtet und wie gut sie in der Lage ist, negatives Feedback konstruktiv zu verarbeiten. Die Selbstwirksamkeit ist die Meinung, die ein/e Mitarbeiter/in von sich selbst hat, ob sie/er sich überhaupt in der Lage sieht, eine schwierige Aufgabenstellung zu bewältigen. Für Menschen mit hoher Selbstwirksamkeit sind herausfordernde Ziele in der Tat ein Ansporn, für die mit niedriger Ausprägung jedoch eher im Gegenteil Anlaß zu Resignation und Frustration.

Leistungs- und Verhaltenskontrolle

Je mehr es gelingt, ein Netz quantitativer und persönlich zurechenbarer Kennzahlen und Indikatoren zur Erfassung von Zielerreichungsgraden zu entwickeln, um so stärker gerät das Folgeproblem der Speicherung und Auswertbarkeit von personenbezogenen Daten per EDV in den Blickpunkt. Von Softwareherstellern werden schon seit langem Programme angeboten, die zur Speicherung und Auswertung solcher Daten, teilweise als schwer zu erkennender Bestandteil eines umfassenden Personalverwaltungssystems, geeignet sind.

Gewerkschaften und Betriebs- bzw. Personalräte haben im Zeitalter der EDV hinsichtlich der Möglichkeit der Erhebung und Verarbeitung von Personaldaten eine besonders große Sensibilität an den Tag gelegt, die sich in der Erwirkung von höchstrichterlichen Urteilen zur Problematik von Personalinformationssystemen dokumentiert. Kaum ein Personalinformationssystem wird ohne größere und längere Konflikte zwischen Arbeitgeber und Interessenvertretung eingeführt. Es wird befürchtet, daß mit modernen EDV-gestützten Systemen ein schneller und unkontrollierter Zugriff auf personen- und arbeitsplatzbezogene Daten sowie eine vielfältige Auswertung und Verknüpfung zum Schaden der Arbeitnehmer/innen möglich wird.

Auf die einzelnen Mitarbeiter/innen zurechenbare Leistungs- und Beurteilungsdaten gehören zu den *sensibelsten personenbezogenen Datenbeständen* schlechthin. Ihre EDV-mäßige Speicherung und Verarbeitung ist somit mitbestimmungspolitisch außerordentlich prekär. Auch bei den Betroffenen selbst verstärkt das Wissen (oder bloß eine entsprechende Vermutung) um eine zentrale Speicherung und Auswertung solcher Informationen Ängste und Abwehrmechanismen (vgl. z.B. Wunderer u.a. 1979, S. 58 ff). Es wird befürchtet, daß man zum »gläsernen Menschen« gemacht wird und irgendwelche Dritte unkontrollierten Zugang zu diesen Datenbeständen haben.

Selektion, Abgruppierung und andere Folgen

Zielerreichungs-Grade sind zugleich Personalbeurteilungs-Ergebnisse, insbesondere dann, wenn sie in ein EDV-System eingespeichert bzw. in der Personalakte abgelegt werden. Insofern ist nicht auszuschließen, daß diese Resultate zu allen möglichen Personalentscheidungen, selbstverständlich auch für die Betroffenen negativer Art, genutzt werden: für Beförderungen, Höher- oder Abgruppierungen, Versetzungen, Entscheidungen über die Übernahme nach Ausbildungs- oder Probezeit bis hin zu Kündigungen. Wie Geffken (1997, S. 518) zu Recht ausführt, sind solche Verknüpfungen alles andere als abwegig:

»Während bislang nur sehr generell anhand von Eingruppierungsmerkmalen oder relativ subjektiven Beurteilungen durch Vorgesetzte Leistungen im nachhinein skizziert und dann bewertet werden konnten, werden nunmehr durch den Mitarbeiter selbst verbindlich (!) konkrete Leistungsziele festgesetzt. Dadurch wird z.B. eine ansonsten außerordentlich problematische Kündigung wegen Leistungsmängel (verhaltensbedingte Kündigung) oder aber eine negative Leistungsbewertung bei dem Arbeitszeugnis nicht nur möglich, sondern auch nachvollziehbar« (ebenda).

Problematische Gesamtwertbildung und Ranking

Als methodisch und für die Interessen der Arbeitnehmer/innen hochproblematisch müssen zudem solche Zielvereinbarungs-Konzepte eingeschätzt werden, bei denen ein Gesamtwert gebildet wird und/oder die Vorgesetzten ihre Mitarbeiter/innen am Ende in eine Rangfolge (»Ranking«) bringen müssen. Ferner muß sich in nicht wenigen Fällen die Zuordnung der Mitarbeiter/innen in einzelne Leistungsstufen zwingend an der Gauß'schen Normalverteilung ausrichten. Die Problematik dieser Elemente gilt natürlich besonders im Zusammenwirken mit den Risiken der Leistungs- und Verhaltenskontrolle sowie der möglichen Funktionalisierung solcher Rankings oder »Gesamtnoten« zu Selektionsentscheidungen.

Gesamtwerte auf der Basis von Zielerreichungsgraden erheischen den Anschein von Exaktheit, zumal wenn sie anhand von »unbestechlichen« mathematischen Operationen (z.B. Addition von Punktzahlen, z.T. mit unterschiedlicher Gewichtung; Bildung von Durchschittswerten) ermittelt sind. Die Schlußfolgerung aber, die Beschäftigte mit 24 Punkten sei für das Unternehmen »mehr wert« als der mit 12 Punkten, ist abenteuerlich und fahrlässig. Es gibt methodisch *keinerlei* Rechtfertigung für ein solches Vorgehen. Es existiert kein wissenschaftliches Gesetz, aus dem man ableiten könnte, daß man in Skalenform ermittelte Zahlenwerte einfach zusammenaddieren oder nach einer komplexeren Formel miteinander zu einem Gesamtwert verbinden kann. Das diesem Vorgehen zugrundeliegende Kompensationsmodell, wonach Stärken und Schwächen nach einer simplen Arithmetik gegeneinander aufgerechnet werden, trägt methodisch nicht.[29] Das ist wie Äpfel, Birnen, Trauben und Kokosnüsse zusammenzurechnen. Für Plazierungs-, Förderungs- und Beratungsmaßnahmen enthält ein Gesamturteil keinerlei Information (vgl. Neuberger 1980, S. 37).

Ein einmal ermittelter Gesamtwert neigt im Verwendungszusammenhang von Beurteilungsresultaten zur Verselbständigung. Die Beur-

29 Die verschiedenen Kriterien haben keine einheitliche Basisdimension und sind insofern auch nicht einfach zusammenfaßbar. Ein in der amerikanischen Grundlagenliteratur vielzitiertes Statement von Cattell (1957, S. 11) besagt: »... ten men and two bottles of beer cannot be added to give the same total as two men and ten bottles of beer ... we cannot get much meaning from conglomerates of different units« (zit. nach Becker 1994, S. 175).

teilung wird irgendwann in den Akten und/oder Computern auf diese »Kennziffer« reduziert. Im Gesamturteil verschwinden wieder alle Detailinformationen, die vorher mühevoll erhoben und »ausdifferenziert« wurden (Mungenast 1990, S. 63; Steinort 1995, S. 34). Ein detailorientiertes Feedback droht so unterzugehen.

Zudem neigen Gesamtwertbildungen zu *Diskriminierungen und Demotivierungen.* Rankings, im Betriebsjargon oft »Rennlisten« genannt, suggerieren einen offenen Vergleich zwischen den Beschäftigten – und das auf einer methodisch unakzeptablen Grundlage. Dies bringt Unruhe und destruktive Züge in Arbeitsgruppen hinein und unterläuft die Kooperation (Becker 1994, S. 277). Sicherlich schmeichelt es den Höchstleister/innen oder denen, die dafür gehalten werden, in diesen Rangordnungen ganz oben zu stehen, so daß man bei ihnen motivierende Effekte unterstellen darf. Aber: das betrifft bestenfalls eine Handvoll Beschäftigter. Für den gesamten Rest wirken Gesamtwertbildungen und Rankings eher demotivierend, weil ihr Selbstbild und -bewußtsein beeinträchtigt werden. Das gilt nicht nur für die »looser«, die sich in den unteren Rängen wiederfinden, sondern auch für das breite Mittelfeld bis hin zu den Inhaber/innen der Ränge unmittelbar nach den »top performern«, die sich nicht gerade geschmeichelt fühlen, in Gestalt eines undifferenzierten Pauschalurteils Durchschnittlichkeit bescheinigt zu bekommen. Auf diese Weise wird eine Vielzahl guter und leistungsfähiger Mitarbeiter/innen (»solid citizens«; vgl. Pearce/ Porter 1986, S. 217) völlig unnötig desavouiert und frustriert. An diesem Punkt bewahrheitet sich eine Erkenntnis des Managementberaters Sprenger (1993), die eigentliche Kunst ist nicht das Motivieren, sondern vielmehr das *nicht Demotivieren.*

Auch nach den Untersuchungsergebnissen von Baethge/Denkinger/ Kadritzke (1995) werden Gesamt»noten« und Rankings von vielen Betroffenen als entwürdigend und demütigend erlebt. Bezeichnend die lakonische Äußerung eines von ihnen (ebenda, S. 105) interviewten 50jährigen Diplom-Kaufmannes:

»Ich werde schon von meiner Tochter jedes Jahr gefragt, na, sollen wir mal unsere Zensuren vergleichen, was wir bekommen haben?«

Sofern also Zielvereinbarungen rein als Führungsinstrument eingesetzt werden, sind Gesamtwertbildungen und Rankings nicht nur sinnlos, sondern kontraproduktiv. Ein »technisches« Problem taucht mit dieser Position jedoch dann auf, wenn die Zielvereinbarungen die Grundlage für leistungsorientierte Vergütungsbestandteile ausmachen. Z.B. zur Ermittlung einer Leistungszulage auf Basis von Zielerreichungs-Graden wird es sich nicht vermeiden lassen, eine Gesamtpunktzahl, der eine bestimmte Zulagenhöhe zugeordnet wird, zu ermitteln. Allerdings müssen dann alle anderen Verwendungen (z.B. für Rankings, Verwendung für Auswahl- und andere Personalentscheidungen) ausgeschlossen werden, und die Einhaltung dieses Ausschlusses muß überprüfbar sein.

5. Die gewerkschaftspolitische und mitbestimmungsrechtliche Situation

Der Darstellung der potentiellen Chancen, aber auch der Risiken und Probleme von Zielvereinbarungs-Konzepten schließt sich die Ableitung entsprechender Überlegungen zu Möglichkeiten ihrer Überwindung oder Reduzierung im Rahmen der Detailgestaltung an. Dies ist im einzelnen Gegenstand des nachfolgenden sechsten Kapitels. Zuvor bedarf es einer rechtlichen Einordnung von Zielvereinbarungen wie auch einer Klärung der gewerkschaftspolitischen Fragen und Positionen zu diesem Instrument.

5.1 Gewerkschaftliche Positionen

Bislang haben sich die Gewerkschaften weder mit der gebührenden Intensität der Herausfoderung von Zielvereinbarungs-Konzepten angenommen noch sind einheitliche und klare politische Leitlinien im Umgang damit zu erkennen. Dies ist nach Hlawaty (1998, S. 42) problematisch, weil »ein Management in der Lage ist – und das Instrument teilweise ausdrücklich aus diesem Grund einsetzt –, bestehende tarifliche Standards unter anderem der (Leistungs-) Entlohnung oder der Arbeitszeiten auszuhebeln.«

Die Zurückhaltung liegt vermutlich in erster Linie daran, daß diese Varianten zum einen personalpolitische Fortschritte im Sinne der stärkeren Beteiligung der Beschäftigten an den sie unmittelbar betreffenden Fragen der Arbeits- und Leistungsgestaltung sowie eine Verbesserung ihrer Qualifizierungschancen in Aussicht stellen, zum anderen aber mit der Gefahr einer kaum kalkulierbaren *Individualisierung der Leistungsdefinitionen* einhergehen, wohingegen dieser Bereich bislang ausschließlich dem arbeitgeberseitigen Direktionsrecht bzw. den Einflüssen der *kollektiven* Mitbestimmung durch die betrieblichen und/oder überbetrieblichen Interessenvertretungen der Arbeitnehmer/innen vorbehalten war. Insofern stehen beim Thema Zielvereinbarungen all die gewerkschaftlichen Befürchtungen auf dem Plan, die sich um die

Folgen einer Individualisierung leistungspolitischer Vorgaben bis hin zu Fragen einer damit verbundenen Entlohnung drehen.

Die vorfindbaren Meinungsbekundungen sind von ihrem Tenor her unterschiedlich und haben sich noch nicht erkennbar zu den Konturen einer gewerkschaftlichen Positionsfindung verdichtet. Dabei sind auch offenbar die Zugänge ganz unterschiedlich.

So wurde im »Dunstkreis« der IG Metall das Thema Zielvereinbarungen eher aus einer tarifpolitischen Warte diskutiert und bis vor kurzem kritisch eingeschätzt:

»Insgesamt zeigt sich, daß alle zur Zeit bekannten Formen der Zielvereinbarung in der Praxis eine Vielzahl von Risiken in sich tragen. Ein wesentliches Risiko aber besteht sicherlich in der Tatsache, daß die meisten der bekannten Modelle auf einer nicht geregelten Leistungsabsprache zwischen Vorgesetztem und dem einzelnen Beschäftigten beruhen. Arbeitsergebnisse und Leistung individuell auszuhandeln hebelt das Prinzip, Leistungsbedingungen kollektiv zu regeln, aus und ersetzt es durch das Kräftemessen zwischen Vorgesetzten und Beschäftigten. Wie ungleich sich das jeweilige Macht- und Stärkepotential in diesem ›Spiel‹ verteilt, ist jedem betrieblichen Praktiker bekannt« (Ehlscheid u.a. 1997b, S. 495).

Als zusätzliche Problemquelle werden auch die Befunde von rechtlichen Analysen eingestuft, wonach Zielvereinbarungen deutliche Merkmale von *Werkverträgen* im Sinne des § 631 BGB tragen. Im Ergebnis entsteht demnach eine Arbeitsform neuen Typs, die sowohl Elemente von Arbeitsverträgen (§ 611 BGB) als auch von Werkverträgen, die einen durch Arbeit herbeizuführenden und variabel zu vergütenden Erfolg regeln, enthält.[30]

Auf der anderen Seite gibt es bei der IG Metall bereits tarifpolitische Initiativen, die das Thema Zielvereinbarungen mit einschließen. So berichtet Hlawaty (1998, S. 45), daß die Bezirksleitung der IG Metall in Baden-Württemberg mit den Arbeitgebern Verhandlungen über einen gemeinsamen Entgeltrahmentarifvertrag für Gewerbliche und Angestellte führt, in dem auch neue Wege zur Leistungsentgeltfindung verankert werden sollen. Die bisherigen Regelungen mit Akkord-,

30 Vgl. Schwegler (1997); zit. nach Tondorf (1998a, S. 387).

Prämien- und Zeitlohn bzw. Gehalt mit Leistungszulage sollen ersetzt werden durch ein Verfahren, bei dem das Leistungsentgelt mit verschiedenen Methoden (Leistungsbeurteilung, Kennzahlenvergleich, Zielvereinbarungen) ermittelt werden soll. Dieser Rahmen soll auf betrieblicher Ebene konkretisiert werden, wobei Betriebsvereinbarungen u.a. über »Anzahl und Art der Leistungsmerkmale, die Ausgangsleistung und das Verhältnis von Leistung und Entgelt mit Geldzuordnung« abzuschließen sind (ebenda). Damit soll ein aus dem Tarifvertrag ableitbarer Regelungszwang auf der Betriebsebene geschaffen werden.

Gegenüber so manch kritischem Ton in der IG Metall wird in der ÖTV das Thema Zielvereinbarungen mit mehr Wohlwollen diskutiert – jedoch aus einer anderen Perspektive. Fernab von tarifpolitischen Bezügen (wie bei der IG Metall) wird in der ÖTV darin ein praktikabler und gangbarer Weg gesehen, im Sinne eines »sozialen Managements« (von Loewenfeld o.J.) das wirklich unsägliche und für die Beschäftigten nicht tragbare Beurteilungswesen im öffentlichen Dienst grundlegend zu reformieren. Angestrebt wird »eine auf die direkten Arbeitsbeziehungen bezogene Verständigung (Ergebniskontrolle und Zielvereinbarung) zwischen Beurteilern und Beurteilten unter Berücksichtigung der Dienststellenaufgaben« (ÖTV Hauptvorstand 1993, S. 131), wobei auch fiktive Leitbeispiele für solche Zielvereinbarungen vorgelegt werden (ebenda, S. 134f.).

Diese beiden Ansätze aus dem gewerkschaftlichen Spektrum demonstrieren nicht nur Unterschiedlichkeit in den Positionen, sondern legen auch die Vermutung nahe, daß die ernste und intensive Auseinandersetzung um dieses Instrument mit seinen vielfältigen politischen Auswirkungen erst noch bevorsteht. Eine der drängendsten Fragen einer arbeitnehmerorientierten Forschung wäre aufgrund der mangelnden Informationen die breitere Erfassung der Positionen und Diskussionen zum Thema Zielvereinbarungen in den übrigen Gewerkschaften.

5.2 Mitbestimmungs- und sonstige Rechte der Betriebs- und Personalräte

Solange ein tariflicher Bezug – wie teilweise im Organisationsbereich der IG Metall – nicht existiert, stellt sich die Frage nach den *Mitbestim-*

mungsrechten der Betriebs- und Personalräte bei Zielvereinbarungen. Nicht selten führen Arbeitgeber Zielvereinbarungen ein und behaupten, es handele sich lediglich um »4-Augen-Gespräche«, die allein in der Führungskompetenz der Vorgesetzten lägen und kein mitbestimmungspolitisch relevantes Thema seien. Diese Position ist zumindest in all den Fällen (und das dürften mit Abstand die meisten sein) falsch, in denen Zielvereinbarungen für die Beurteilung der Mitarbeiter/innen eine Rolle spielen und/oder die betriebliche Entgeltgestaltung tangieren.

Informationsbedarf

Wenn der Arbeitgeber ein Zielvereinbarungs-Konzept einführen will, muß der Betriebs- bzw. Personalrat zunächst intensive Informationen einholen, wie dieses genau aussehen soll:

- Was hat man sich konkret unter dem gewünschten Zielvereinbarungs-Konzept vorzustellen?
- Gibt es eine Verbindung zum »Controlling«?
- Welche Hierarchie-Ebenen bzw. Bereiche sind davon betroffen?
- Was sind die Ziele, die der Arbeitgeber damit verfolgt?
- Geht es um ein reines Führungskonzept oder soll es auch einen Bezug zur Entlohnung geben?
- Wer vereinbart mit wem Ziele? Die Vorgesetzten mit dem Team oder mit den einzelnen Mitarbeiter/innen?
- Um welche Art von Zielen soll es sich handeln?
- In welchen Abständen sollen Zielvereinbarungsgespräche stattfinden?
- Wie und von wem sollen die Zielerreichungsgrade kontrolliert werden?
- Was soll passieren, wenn sich Vorgesetzte/r und Mitarbeiter/in nicht über die festzulegenden Ziele einig werden?
- Gibt es Möglichkeiten zur Zielkorrektur, wenn sich vorher festgelegte Ziele aufgrund veränderter Rahmenbedingungen als unsinnig oder nicht erreichbar erweisen?
- Können die Mitarbeiter/innen ein Mitglied des Betriebs- bzw. Personalrats zum Zielvereinbarungsgespräch hinzuziehen?
- Was sind die Konsequenzen für die Mitarbeiter/innen, wenn sie ihre Ziele erreichen oder gar übertreffen bzw. wenn sie sie nicht erreichen?
- Haben sie dann mit arbeitsrechtlichen Folgen zu rechnen (z.B. Abmahnungen, unter Umständen sogar Kündigung)?

Übersicht 5-1: Checkliste relevanter Informationen für den Betriebs- und Personalrat

Rechtsgrundlage ist der allgemeine Informationsanspruch des Betriebsrats nach § 80 Abs. 2 BetrVG.[31] Demnach ist er zur Durchführung seiner Aufgaben rechtzeitig und umfassend vom Arbeitgeber bei allen Maßnahmen zu unterrichten, bei denen die Interessen der Beschäftigten tangiert werden, was im Falle der Einführung eines Zielvereinbarungs-Konzepts außer Frage steht. Der Betriebs- und Personalrat muß im Prinzip so informiert sein, daß er über den gleichen Wissensstand (umfassend und vollständig) verfügt, wie der Arbeitgeber selbst. Die Information hat so frühzeitig zu erfolgen, daß die Interessenvertretung auf die inhaltliche Gestaltung der Maßnahme tatsächlich Einfluß nehmen kann.

Mitbestimmung nach dem Betriebsverfassungsgesetz

Da die Folgen und möglichen Risiken für die Arbeitnehmer/innen wie gezeigt sehr weitreichend sind, sollte die Interessenvertretung über die Information hinaus vom Arbeitgeber eine *Mitgestaltung des Zielvereinbarungs-Konzepts im Wege der Mitbestimmung* fordern. Auf welcher Basis dies im Bereich des Betriebsverfassungsgesetzes (BetrVG) erfolgen kann, wird im folgenden gezeigt.

Zunächst ist die Festlegung von Aufgaben und Zielen für das Unternehmen bzw. die Organisationseinheiten und die Beschäftigten eine sog. *wirtschaftliche Angelegenheit*, die dem *arbeitgeberseitigen Direktionsrecht* unterliegt und damit der Mitbestimmung des Betriebsrats entzogen ist. Auf der anderen Seite steht jedoch außer Frage, daß durch Zielvereinbarungen zwangsläufig mitbestimungspflichtige Bereiche (vgl. unten) tangiert werden, so daß es auch für den Arbeitgeber ein Gebot der Klugheit ist, von vorneherein ein einvernehmliches Konzept mit dem Betriebsrat zusammen zu entwickeln und in einer Betriebsvereinbarung zu regeln.

Je nach den konkreten Vorstellungen des Arbeitgebers werden nämlich die folgenden Mitbestimmungsrechte des Betriebsrates berührt:

31 Die entsprechende Regelung im Bundespersonalvertretungsgesetz (BPersVG) findet sich im § 68 Abs. 2.

Nach *§ 87 Abs. 1 Nr. 1* BetrVG hat der Betriebsrat mitzubestimmen über *»Fragen der Ordnung des Betriebes und des Verhaltens der Arbeitnehmer im Betrieb.«* Es muß anhand des konkreten Arbeitgeber-Vorschlags geprüft werden, ob diese Norm greift. Mitbestimmungsfrei sind solche Maßnahmen und Regelungen, die *unmittelbar* die zu bewältigenden Aufgaben der Beschäftigten betreffen. Insofern ist grob davon auszugehen, daß unmittelbar aufgaben- und leistungsbezogene Zielvereinbarungen nicht von der Mitbestimmung nach § 87 Abs. 1 Nr. 1 BetrVG abgedeckt sind, wohl aber solche Vereinbarungen, in denen es um das zwischenmenschliche Verhalten geht.

Dies kann der Fall sein, wenn der Arbeitgeber mit dem Projekt Ziele wie die »Verbesserung der Zusammenarbeit«, der »Planung und Organisation« oder ähnliches verfolgt bzw. wenn Gegenstand der Zielvereinbarungen auch ausdrücklich Verhaltensaspekte der Mitarbeiter/innen sein sollen (vgl. auch Geffken 1997, S. 518f.).

Nach *§ 87 Abs. 1 Nr. 6* BetrVG hat der Betriebsrat mitzubestimmen bei der Einführung und Anwendung von technischen Einrichtungen, die dazu bestimmt sind, *das Verhalten und die Leistung der Beschäftigten zu überwachen.* Da Zielvereinbarungen oft mit EDV-technisch fundierten Controlling-Systemen in Zusammenhang stehen, die Rückschlüsse auf individuelle Verhaltensweisen und Leistungsgrößen zulassen, ist der Bezug zu dieser Norm unter (diesen) Umständen gegeben. Dies gilt ebenso, wenn der Arbeitgeber personenbezogene Beurteilungsdaten aus einem Soll/Ist-Vergleich in ein EDV-System einspeisen will. Dabei ist völlig unerheblich, ob die Daten von einer technischen Einrichtung erhoben oder aus einem Beurteilungsbogen in das EDV-System übertragen werden und damit einer EDV-mäßigen Auswertung zugeführt werden können.

Gemäß *§ 87 Abs. 1 Nrn. 10 und 11* hat der Betriebsrat dann mitzubestimmen, wenn Zielvereinbarungs-Konzepte auch eine *Entlohnungskomponente* enthalten (vgl. auch Tondorf 1998b, S. 324). Dies gilt aber nur, sofern die entsprechenden Entlohnungsgrundsätze nicht (abschließend) in einem Tarifvertrag geregelt sind (vgl. weiter unten). Der Arbeitgeber kann z.B. die Vergabe einer Leistungszulage vom Erzielen bestimmter Zielerreichungsgrade, die im Soll/Ist-Vergleich festgestellt worden sind, abhängig machen. Dann greift zumindest die Norm nach Nr. 10, wonach der Betriebsrat ein Mitbestimmungsrecht bei der Festlegung von Grundsätzen und Struktur der Zulagenermittlung besitzt. Dieses Recht bezieht sich auf die Ausgestaltung der gesamten Verfahrenskomponenten inklusive der Kriterien, nach denen die Zulagenhöhe differenziert ist.

Allerdings sind nach dem heutigen Stand der Rechtsprechung eine Reihe von Beschränkungen zu berücksichtigen. So hat der Betriebsrat bei folgenden Aspekten kein oder nur ein eingeschränktes Mitbestimmungsrecht:

- ob überhaupt eine Leistungszulage gezahlt werden soll;
- bei der Gesamthöhe der Mittel, die der Arbeitgeber zur Verfügung stellen will (der sogenannte »Topf«);
- bei der Festlegung der konkreten Höhe der Leistungszulage;
- bei der Bestimmung des Personenkreises, der davon profitieren soll;
- bei Kürzungen bzw. Streichungen.

Unter bestimmten Umständen kommt sogar ein (weitergehendes) Mitbestimmungsrecht nach Nr. 11 in Betracht, das sich auf die Mitbestimmung bei der Ausgestaltung der Entlohnungsmethoden und -grundsätze bei »echten« leistungsbezogenen Entgelten bezieht. Die Erweiterung gegenüber der Nr. 10 besteht vor allem darin, daß die Interessenvertretung auch Einfluß auf die Vergütungshöhe (die sog. »Geldfaktoren«) geltend machen kann. Nach BAG-Auffassung gelten folgende Voraussetzungen für das Greifen dieser Norm:

- eine Leistung muß gemessen werden;
- sie muß mit einer Bezugsleistung verglichen werden;
- die Höhe der Vergütung richtet sich nach dem Verhältnis der Arbeitnehmer/innen-Leistung zur Bezugsleistung.

Die Erfüllung dieser Voraussetzungen ist bei Zielvereinbarungs-Konzepten durchaus denkbar.

Nach *§ 94 Abs. 1* BetrVG bedürfen *Personalfragebogen* der Zustimmung des Betriebsrats. Nach der herrschenden juristischen Meinung ist dabei der betriebsverfassungsrechtliche Begriff des Personalfragebogens weit auszulegen. Man hat darunter zu verstehen formularmäßig gefaßte Zusammenstellungen, die Aufschluß über die Person, Kenntnisse und Fertigkeiten von Bewerber/innen oder Mitarbeiter/innen geben sollen. Dazu gehören auch solche standardisierten Bewertungsbogen und Fragen (»Checklisten«), die zur Bewertung von Arbeitnehmer/innen bzw. Bewerber/innen angewandt werden und nicht von den Betroffenen selbst unmittelbar ausgefüllt bzw. beantwortet werden müssen. Insofern ist auch die Anwendung dieser Norm auf die typischen Zielvereinbarungs-Formulare (vgl. Übersicht 2-1) nicht ausgeschlossen.

Eine der wichtigsten Rechtsnormen zur Beeinflussung von Zielvereinbarungs-Konzepten ist ohne Frage der *§ 94 Abs. 2* BetrVG, wonach die *»Aufstellung allgemeiner Beurteilungsgrundsätze«* der Zustimmung des Betriebsrats bedarf. Kommt darüber eine Einigung mit dem Arbeitgeber nicht zustande, entscheidet die Einigungsstelle. Zielvereinbarungen bzw. Zielerreichungsgrade, die im Rahmen des Soll/Ist-Vergleichs festgestellt werden, sind wohl in jedem Fall eine Grundlage der Personalbeurteilung, so daß diese Rechtsnorm greift.

Nach herrschender juristischer Meinung sind unter allgemeinen Beurteilungsgrundsätzen im Sinne des § 94 Abs. 2 alle Regeln, Richtlinien oder Systeme zur fachlichen oder persönlichen Bewertung neu einzustellender Bewerber/innen oder bereits beschäftigter Mitarbeiter/innen zu sehen. Allgemeine Grundsätze sollen eine einheitliche Handhabung gewährleisten. Beurteilungsgrundsätze sind nicht an die klassischen merkmalsorientierten Verfahren der Personalbeurteilung gebunden. Auch die Bewertung der Beschäftigten aufgrund von Zielvereinbarungen nach einem generalisierten System (mit Soll/Ist-Vergleich) ist darunter zu fassen.

Nach dieser Rechtsnorm hat der Betriebsrat unter anderem mitzubestimmen über:

- das grundsätzliche Verfahren bzw. die Konzeption (einschließlich des Beurteilungsbogens);
- die einzelnen Beurteilungskriterien (z.B. Zielerreichungsgrade) inklusive eventueller Gewichtungen sowie ihre Definitionen;
- die Beurteilungs- und Bewertungsmethoden und -maßstäbe (z.B. Verwendung von Skalen, Festlegung der Skalenlänge);
- Verfahrensfragen (z.B. Festlegung von Beurteilern und zu Beurteilenden; zeitlicher Abstand der Beurteilungen bzw. Soll/Ist-Vergleiche);
- Fragen der Durchführung und Gestaltung des Beurteilungs- bzw. Zielvereinbarungsgesprächs;
- Fragen der Auswertung der Beurteilung;
- die Aufbewahrung der Beurteilungsunterlagen (z.B. Dauer der Ablage in der Personalakte);

- Rechte der betroffenen Mitarbeiter/innen (z.B. Einspruchs- und Beschwerdemöglichkeiten);
- Konfliktlösungsmechanismen bei Streitigkeiten über konkrete Beurteilungen (z.B. paritätischer Ausschuß).

Grenzen des Mitbestimmungsrechts bei Beurteilungsgrundsätzen sind jedoch:

- Der Betriebsrat hat kein Initiativrecht.
- Es muß um personenbezogene Bewertungsvorgänge gehen. Nicht tangiert sind arbeitsplatzbezogene Bewertungen, wie sie etwa im Rahmen von Arbeitsplatzanalysen oder der Entwicklung von Stellen-, Arbeits-, Funktionsbeschreibungen oder dergleichen vorgenommen werden.[32]
- Der Betriebsrat hat kein Mitbestimmungsrecht bei den einzelnen Beurteilungsvorgängen. Das Mitbestimmungsrecht ist beschränkt auf die Gestaltung des Verfahrens.

Insgesamt kann die Interessenvertretung also gewichtige Einflußgrundlagen des BetrVG mobilisieren, um vom Arbeitgeber die Mitgestaltung eines Zielvereinbarungs-Konzeptes zu verlangen.

Mitbestimmung nach den Personalvertretungsgesetzen

Im Anwendungsbereich der Personalvertretungsgesetze, insbesondere des *Bundespersonalvertretungsgesetzes (BPersVG)*, gelten teils analoge, teils andere rechtliche Rahmenbedingungen als unter dem BetrVG. Die jeweils für die Landesbehörden gültigen *Landespersonalvertretungsgesetze* enthalten im Vergleich zum BPersVG teilweise gleichartige, z.T. aber auch abweichende Regelungen.[33] Deren umfassende Darstellung und Diskussion würde jedoch den Rahmen dieses Buches sprengen, weswegen ich mich hier auf das BPersVG beschränke.

---

32 Dafür kommt jedoch, sofern es sich um einen Bestandteil einer Entlohnungsmethode (z.B. Arbeits-, Stellen- oder Positionsbewertung) handelt, eine Mitbestimmung des Betriebsrats nach § 87 Abs. 1 Nr. 10 BetrVG in Betracht.

33 Eine Synopse der entsprechenden Bestimmungen aus dem BPersVG und den Landespersonalvertretungsgesetzen findet sich bei Altvater u.a. (Altvater/Bacher/Hörter/Peiseler/Sabottig/Schneider/Voks 1996).

Ein Mitbestimmungsrecht des Personalrats kommt zunächst nach *§ 75 Abs. 3 Nr. 4 BPersVG* in Frage, wenn Zielvereinbarungen für einen *Entlohnungsgrundsatz* maßgebend sein sollen. Die Zielvereinbarung ist dann Bestandteil des Entgeltbemessungssystems und nach der oben angeführten Norm mitbestimmungspflichtig. In diesem Fall wird dem Personalrat sogar ein uneingeschränktes Initiativrecht zuerkannt.

In *§ 75 Abs. 3 Nr. 8 BPersVG* ist eine Mitbestimmung des Personalrats bei *Personalfragebogen* verankert, das inhaltlich wohl weitgehend dem nach § 94 Abs. 1 BetrVG entspricht. Nach einem Verwaltungsgerichtsurteil ist bereits dann ein Personalfragebogen anzunehmen, wenn es sich »um eine schriftliche Zusammenfassung von Daten (handelt), die nach ihrem Inhalt einiges Gewicht besitzen und die die Eigenschaften und Verhaltensweisen des Befragten betreffen«.[34] Daran ändert auch das Unterlassen von Frageformen (z.B. in den Vordrucken zur Zielvereinbarung) nichts, denn im Prinzip handelt es sich »der Sache nach um nichts anderes als um einen Katalog von Fragen« (ebenda).

Das Mitbestimmungsrecht bei *Beurteilungsrichtlinien* nach *§ 75 Abs. 3 Nr. 9 BPersVG* umfaßt sowohl die erstmalige Aufstellung als auch eine eventuelle spätere Veränderung solcher Richtlinien. Es bezieht sich – inhaltlich ähnlich dem § 94 Abs. 1 BetrVG – insbesondere auf die Festlegung der Beurteilungskriterien und Bewertungsmaßstäbe wie auch auf das Verfahren (z.B. Kreis der zu Beurteilenden, Turnus, Beschwerdeverfahren).[35] Auch die Festlegung von Beurteilungsdurchschnittswerten unterliegt dem Mitbestimmungsrecht der Personalvertretung.[36]

Im *§ 75 Abs. 3 Nr. 15 BPersVG* geht es um die Mitbestimmung des Personalrats bei Regelungen und Maßnahmen, die das *Verhalten der Arbeitnehmer/innen* im Betrieb/in der Behörde betreffen. Das maßgebliche Abgrenzungskriterium (Verhalten versus unmittelbar zu erledigende Aufgaben) wurde bereits im Zusammenhang mit der betriebsverfassungsrechtlichen Norm des § 87 Abs. 1 Nr. 1 oben behandelt.

34 Vgl. Geffken (1997, S. 519) unter Bezugnahme auf ein Urteil des Verwaltungsgerichts Köln vom 24.4.95, abgedruckt in: Der Personalrat 1995, S. 352.

35 Vgl. dazu Hindinger (1987, S. 242) sowie Richardi/Dietz (1978, RN 398 zu § 75).

36 So ein Urteil des Hessischen Verwaltungsgerichtshofs; vgl. Zeitschrift für den Personalrat 1990, S. 50.

Zusätzlich interessant ist hier, daß es bereits ein Verwaltungsgerichtsurteil gibt, das eine Mitbestimmung des Personalrats bei der Einführung von »Mitarbeitergesprächen mit Zielvorgabe« bestätigt.[37] Das strittige Instrument in einer öffentlichen Bank soll die Zwecke der Vereinbarung von Zielen, der Verbesserung der Zusammenarbeit und der Förderung der Mitarbeiter/innen erfüllen. In der Urteilsbegründung heißt es:

»Über die Regelung der unmittelbaren Dienstausübung gehen die strukturierten und formalisierten Mitarbeitergespräche ... deutlich hinaus. Zwar geht es ... mit dem hier neu eingeführten Personalführungsinstrument nicht zuletzt auch um die möglichst optimale Erfüllung der von den Beschäftigten geschuldeten Arbeit. Das soll jedoch durch eine spezifische Art der Zusammenarbeit, durch eine Regelung des Umgangs von Vorgesetztem und ihm untergebenem Mitarbeiter, also durch eine soziale Ordnung gefördert werden. Kern des MAG mit ZV ist nicht eine Ausgestaltung des Direktionsrecht des Arbeitgebers – dies wird durch die Gespräche weder ausgeweitet noch eingeschränkt – sondern die Gestaltung und Ordnung des Verhaltens bestimmter Mitarbeiter zueinander, um effektiver, motivierter und streßfreier Dienst tun zu können. Es werden neue Verhaltensformen vorgeschrieben und erwartet, die sich nicht bereits von selbst aus den gesetzlich vorgegebenen oder vertraglich geschuldeten Dienstpflichten ergeben, und dies unabhängig von dem im einzelnen zu erledigenden Aufgabenbereich.«[38]

Gemäß *§ 75 Abs. 3 Nr. 17 BPersVG* hat der Personalrat mitzubestimmen bei technischen Einrichtungen zur Leistungs- und Verhaltenskontrolle der Mitarbeiter/innen, was bei der datentechnischen Verarbeitung von zielbezogenen Ergebnissen tangiert sein kann (vgl. oben unter § 87 Abs. 1 Nr. 6 BetrVG).

Eine Besonderheit und im BetrVG nicht enthaltener Aspekt ist schließlich im Personalvertretungsrecht durch den *§ 76 Abs. 2 Nr. 5 BPersVG*

37 Verwaltungsgericht Karlsruhe, Beschluß vom 7.3.97; abgedruckt in: Recht der Verwaltung, Nr. 1 – 1998, S. 31f.

38 Aus dem obigen Beschluß des Verwaltungsgerichts Karlsruhe, zitiert aus Recht der Verwaltung, Nr. 1 – 1998, S. 31. MAG = Mitarbeitergespräch; ZV = Zielvereinbarung.

gegeben, wonach der Personalrat bei solchen Maßnahmen zu beteiligen ist, die auf die *Steigerung der Effektivität der Arbeit* (»Hebung der Arbeitsleistung«) abzielen. Daß dies bei Zielvereinbarungen der Fall ist, dürfte kaum ernsthaft bestritten werden (vgl. auch Geffken 1997, S. 520).

Zu erwähnen ist abschließend, daß die Mitbestimmungsrechte des Personalrats nach § 75 BPersVG nur die unter das Gesetz fallenden Arbeiter/innen und Angestellte betreffen. Für *Beamt/innen* ergeben sich aus den jeweils geltenden Beamtengesetzen, Laufbahnverordnungen usw. *andere rechtliche Grundlagen.* So hat z.B. der Personalrat bei Beurteilungsrichtlinien für Beamt/innen gemäß § 76 Abs. 2 Nr. 3 BPersVG nur ein eingeschränktes Mitbestimmungsrecht.[39] Zudem kann die Einigungsstelle bei den Beamt/innen nur eine Empfehlung an die oberste Dienstbehörde aussprechen, während sie bei Arbeitnehmer/innen eine verbindliche Entscheidung trifft.[40]

Prüfung tariflicher Bezüge

Zu prüfen ist in jedem Fall darüber hinaus, ob ein vom Arbeitgeber initiiertes Zielvereinbarungs-Verfahren Bezüge zu einem geltenden Tarifvertrag aufweist.[41] Dies gilt besonders, wenn ein Entlohnungsbezug vorgesehen ist. So enthalten die Tarifverträge in einigen Branchen bzw. Regionen z.T. sogar abschließende Vorschriften zur Leistungsbeurteilung zum Zwecke der Absicherung übertariflicher Entgeltbestandteile. Sie regeln etwa den betroffenen Personenkreis, das Beurteilungsverfahren, die Beurteilungsmerkmale und -stufen, die Ermittlung und Ausweisung der Leistungszulage sowie ein Beanstandungsverfahren. Beinhaltet ein solcher Tarifvertrag eine Öffnungsklausel, wonach die Tarifparteien die Zuständigkeit für die Regelung einer Leistungsvergü-

39 Dieses Recht könnte dann nicht greifen, wenn die Spitzenorganisationen z.B. gemäß § 94 BBG bei der Vorbereitung einer Beurteilungsrichtlinie beteiligt wurden (vgl. § 78 Abs. 1 Nr. 1 BPersVG).

40 Vgl. Hindinger (1987, S. 241).

41 »Wurden Beurteilungsverfahren und Leistungsentgelte bislang tariflich geregelt, haben die Tarifparteien darüber zu befinden, ob und wie Zielvereinbarungen zu gestalten sind.«

tung auf die Betriebsparteien übertragen haben, dann kann die Interessenvertretung in dem tariflich vorgegebenen Rahmen ihr Mitbestimmungsrecht, z.B. nach § 87 Abs. 1 Nrn. 10 und 11 BetrVG, nutzen. Stellen die tariflichen Normen eine abschließende Regelung dar, entfällt das Mitbestimmungsrecht aufgrund des Tarifvorranges nach dem Eingangssatz von § 87 Abs. 1 BetrVG. Der Arbeitgeber kann dann kein anderes Verfahren, etwa auf der Basis von Zielvereinbarungen mit Soll/Ist-Vergleich, für die tariflichen Mitarbeiter/innen einführen. Zielvereinbarungen können dann nur über den tarifvertraglichen Weg geregelt und eingeführt werden.

Weitere Bezüge zum Tarifvertrag können sich dadurch ergeben, daß dieser bei »echtem« Leistungslohn (vgl. die Voraussetzungen oben gemäß § 87 Abs. 1 Nr. 11) nur bestimmte Formen und Entlohnungsgrundsätze zuläßt.

Abschluß einer Betriebs- bzw. Dienstvereinbarung

Die Interessenvertretung sollte also mit dem Arbeitgeber bei Einführung von Zielvereinbarungs-Verfahren in Verhandlungen über die konkrete Gestaltung eintreten und das Ergebnis in einer *Betriebs- bzw. Dienstvereinbarung* absichern:

»Dezentrale Verhandlungen über zu erreichende Leistungsziele – ob mit oder ohne Bezug zum Entgelt – darf es nicht ohne eine Betriebs- oder Tarifvereinbarung geben, in der wichtige Grundsätze zum Schutz der Beschäftigten vor Leistungsintensivierung und Disziplinierung geregelt werden« (Tondorf 1998b, S. 325).

Eine Reihe von Interessenvertretungen haben bereits im Rahmen von Betriebs- oder Tarifvereinbarungen Regelungen verabschiedet. Beispiele dafür werden noch in diesem Buch behandelt (vgl. unten Kapitel 7).

5.3 Rechte der einzelnen Mitarbeiter/innen

Über die kollektivrechtliche Seite hinaus hat das BetrVG und in eingeschränktem Maße das BPersVG respektive die Rechtsprechung *auch den einzelnen Arbeitnehmer/innen Rechte zugewiesen*, auf die im folgenden einzugehen ist. Dabei werden zunächst die betriebsverfassungsrechtlichen Grundlagen dargestellt.

Betriebsverfassungsrechtliche Individualrechte

Aufgrund des *Diskriminierungsverbots nach § 75 Abs. 1 BetrVG* haben Arbeitgeber und Betriebsrat darüber zu wachen, daß alle im Betrieb tätigen Personen nach den Grundsätzen von Recht und Billigkeit behandelt werden und daß insbesondere niemand wegen Abstammung, Religion, Nationalität, Herkunft, politischer oder gewerkschaftlicher Betätigung oder Einstellung, wegen des Geschlechts oder wegen der Überschreitung bestimmter Altersstufen benachteiligt wird.

Zielvereinbarungs-Konzepte müssen sich daran messen lassen, ob sie geeignet sind, bestimmte Personengruppen in diskriminierender Weise zu beeinträchtigen oder zu benachteiligen. Die in § 75 Abs. 1 genannten Merkmale (z.B. wenn sich eine Arbeitnehmerin gewerkschaftlich betätigt, oder wenn ein Mitarbeiter das 55. Lebensjahr erreicht hat) dürfen nicht ausschlaggebend für das »Abschneiden« der Betreffenden sein.

Nach *§ 75 Abs. 2 BetrVG* haben Betriebsrat und Arbeitgeber die *freie Entfaltung der Persönlichkeit* der im Betrieb beschäftigten Arbeitnehmer/innen zu schützen und zu fördern.

Diese Norm bedeutet für die hier in Rede stehenden Zusammenhänge insbesondere, daß durch die Einführung und Anwendung von Zielvereinbarungen das allgemeine Persönlichkeitsrecht und die Würde des Menschen (vgl. auch Art. 1 und 2 des Grundgesetzes sowie § 823 Abs. 1 BGB) nicht verletzt werden dürfen. Vor allem darf der arbeitende Mensch nicht zum Objekt herabgewürdigt werden.[42] Diese Norm könnte insbesondere in Zusammenhang mit der Speicherung und Verarbeitung von Leistungs- und anderen Daten von Belang sein.[43]

Aus der *Hinweispflicht des Arbeitgebers auf Arbeitsanforderungen nach § 81 BetrVG* kann ein Anspruch der Arbeitnehmer/innen abgeleitet werden, rechtzeitig und umfassend über relevante Ziele, Änderungen in den Rahmenbedingungen der Zielerreichung usw., die für seinen/ihren Arbeitsplatz maßgeblich sind, informiert zu werden.

42 Vgl. auch Dietz/Richardi (1982, RN 44 zu § 94).
43 Vgl. auch Fitting u.a. (1996, RN 21b zu § 75).

Das *allgemeine Anhörungs- und Vorschlagsrecht für die Gestaltung des Arbeitsplatzes und des Arbeitsablaufes nach § 82 Abs. 1 BetrVG* gibt der/dem Beschäftigten grundsätzlich das Recht, bei sie/ihn betreffenden betrieblichen Angelegenheiten gehört zu werden. Sie sind berechtigt, zu sie betreffenden Maßnahmen des Arbeitgebers Stellung zu nehmen und Vorschläge für die Gestaltung von Arbeitsplatz und Arbeitsablauf zu machen. Aus dieser Vorschrift kann ein Recht der Mitarbeiter/innen abgeleitet werden, mit der/dem Vorgesetzten über für ihren/seinen Arbeitsbereich geltende Ziele sowie die damit oft zusammenhängenden Fragen der Arbeitsbedingungen und notwendige oder wünschenswerte Veränderungen des Arbeitsplatzes zu sprechen. Ein Recht auf Durchsetzung der Vorstellungen der Mitarbeiter/innen besteht indes nicht.

Gemäß *§ 82 Abs. 2 BetrVG* haben die Mitarbeiter/innen ein *Recht auf Erörterung der Leistung sowie beruflicher Entwicklungsmöglichkeiten* im Betrieb. Falls der Arbeitgeber mit Ziel(vereinbarungs)systemen arbeitet, kann die/der Beschäftigte während der Arbeitszeit die Durchführung von Gesprächen über ihre Leistung (Zielerreichung) verlangen. Die zuständige Stelle (in der Regel die/der Vorgesetzte) ist nach entsprechender Aufforderung durch die/den Mitarbeiter/in verpflichtet, den Stand bzw. die Einschätzung der Leistungen, die beruflichen Entwicklungsmöglichkeiten sowie die Berechnung und Zusammensetzung des Entgelts (z.B. nach Maßgabe der Zielerreichung) mit ihr/ihm zu erörtern. Dabei kann die/der Beschäftigte ein Mitglied des Betriebsrats nach seiner/ihrer Wahl hinzuziehen. Ein BAG-Urteil vom 28.3.1979 hat dieser Erörterungspflicht gegenüber der/dem Betroffenen noch einmal besonderen Nachdruck verliehen.[44] Demnach müssen der Mitarbeiterin/dem Mitarbeiter insbesondere bei schlechten Einschätzungen stichhaltige Gründe (d.h. unter Angabe von Tatsachen) mitgeteilt werden, die eine solche Bewertung rechtfertigen.

Zielvereinbarungs-Bögen und weitere personenbezogene Dokumente werden in der Regel zu den Personalakten genommen. Nach *§ 83 Abs. 1 BetrVG* hat jede/r Mitarbeiter/in das Recht, *Einsicht in die Personalakte* zu nehmen und dabei ein Mitglied des Betriebsrates hinzuzuziehen.

44 Vgl. 5 AZR 80/77.

Unter den rechtlichen Begriff »Personalakte« fallen dabei selbstverständlich auch in elektronischen Datenbanken abgespeicherte Personal- und Beurteilungsdaten.[45] Die/der Beschäftigte hat Anspruch auf Ausdruck aller über sie/ihn gespeicherten Daten, und zwar in einer entschlüsselten und lesbaren Form.[46]

Fühlt sich der Mitarbeiter/die Mitarbeiterin z.B. im Rahmen der Bewertung ihrer Zielerreichung ungerecht behandelt, so kann er/sie eine Gegendarstellung verfassen, die der Arbeitgeber auf Verlangen der Personalakte beifügen muß (§ 83 Abs. 2 BetrVG). Auch hat sie/er einen Rechtsanspruch auf Entfernung unrichtiger Angaben in den Personalakten, der notfalls auf dem Klageweg durchgesetzt werden kann.

Schließlich besteht prinzipiell die Möglichkeit, z.B. gegen eine als »zu hoch« empfundene Zielvereinbarung (vorgabe) oder eine fragwürdige Einschätzung der Zielerreichung, *Beschwerde einzulegen.* Dabei genügt schon das »Gefühl«, ungerecht behandelt worden zu sein, um vom Beschwerderecht Gebrauch machen zu können.

Es ist der/dem Betroffenen wahlweise überlassen, sich mit der Beschwerde an die *»zuständigen Stellen des Betriebs« (§ 84 BetrVG)* oder *den Betriebsrat (§ 85 BetrVG)* zu wenden. Auch kann im Falle des Beschwerdeweges nach § 84 ein Betriebsratsmitglied zur Unterstützung oder Vermittlung hinzugezogen werden.

Da zumeist der/die Vorgesetzte selbst die »zuständige Stelle im Betrieb« ist, an die die Beschwerde zu richten ist, ist der Beschwerdeweg nach § 84 nicht unproblematisch. Man wird sich nach erfolglosen Einigungsversuchen daher besser gleich an die/den Vor-Vorgesetzte/n wenden.

In den meisten Fällen werden die Erfolgsaussichten größer sein, wenn gemäß § 85 der Betriebsrat als Beschwerdevertreter eingeschaltet wird. Diese Norm hat überdies den Vorzug, daß der Betriebsrat im Falle von Meinungsverschiedenheiten mit dem Arbeitgeber über die Berechtigung der Beschwerde die Einigungsstelle anrufen kann, sofern nicht ein Rechtsanspruch der Mitarbeiterin/des Mitarbeiters Beschwerdegegenstand ist.

45 Vgl. Fitting u.a. (1996, RN 3 zu § 83).

46 Vgl. Fitting u.a. (1996, RN 34 zu § 83).

Die/der Beschäftigte hat Anspruch, über die Behandlung der Beschwerde informiert zu werden. Hält der Arbeitgeber im Verfahren nach § 84 die Beschwerde für berechtigt, muß er ihr auch abhelfen (Abs. 2). Wegen der Beschwerdeerhebung darf der Mitarbeiterin/dem Mitarbeiter kein Nachteil erwachsen (Abs. 3).

Individualrechte im Personalvertretungsrecht

Im Geltungsbereich des BPersVG bzw. der Ländergesetze sind die Individualrechte der betroffenen Beschäftigten schwächer ausgeprägt.

Eine direkte Parallele zwischen Betriebsverfassungs- und Bundespersonalvertretungsgesetz ist das *Diskriminierungsverbot* und der *Schutz der Persönlichkeit nach § 75 Abs. 1 und 2 BetrVG bzw. § 67 Abs. 1 S. 1 und 2 BPersVG*. Das *Personalaktenrecht* ist für Beamtinnen und Beamte seit dem 1.1.1993 in den §§ 90 bis 90g des Bundesbeamtengesetzes (BBG) bzw. in den entsprechenden Vorschriften der Landesbeamtengesetze geregelt. Für Angestellte und Arbeiter/innen ist das Einsichtsrecht in die Personalakte in den Tarifverträgen (z.B. § 13 BAT) festgelegt.

Eine *Beschwerdemöglichkeit* ergibt sich für die Arbeiter/innen und Angestellten lediglich über den Personalrat. Dieser hat nach *§ 68 Abs. 1 Nr. 3 BPersVG* Beschwerden der Beschäftigten entgegenzunehmen und, falls sie berechtigt erscheinen, durch Verhandlungen mit dem Dienststellenleiter auf ihre Erledigung hinzuwirken. Ein Einigungsstellenverfahren ist nicht vorgesehen.

Obwohl die Zielvereinbarung oder die Beurteilung von Zielerreichungsgraden kein Verwaltungsakt ist, hat die Beamtin/der Beamte, die/der sich durch eine Beurteilung rechtlich benachteiligt fühlt, gemäß *§ 126 Abs. 1 des Beamtenrechtsrahmengesetzes (BRRG)* die Möglichkeit, den *Verwaltungsrechtsweg* zu beschreiten. Die Erfolgsaussichten sind aber nur dann hoch, wenn z.B. eine Beurteilung auf falschen tatsächlichen Behauptungen beruht oder sie in sich nicht schlüssig ist. Da den Dienstherren aber ein Ermessensspielraum gegeben ist, kann der wesentliche Inhalt einer Beurteilung verwaltungsgerichtlich nicht überprüft werden.[47]

---

47 Vgl. dazu Schröder u.a. (1985).

Die Rechte, die das Betriebsverfassungsgesetz den Beschäftigten wie gesehen in den §§ 81, 82 Abs. 1 und 2 zuweist, sind im Bundespersonalvertretungsgesetz bzw. den anderen für den öffentlichen Dienst maßgeblichen Rechtsgrundlagen nicht enthalten.

Insgesamt zeigt sich in beiden Bereichen (BetrVG wie BPersVG), daß die individualrechtlichen Möglichkeiten der Beeinflussung von Zielvereinbarungen und damit zusammenhängenden Fragen *stark beschränkt und deutlich schwächer ausgeprägt sind* als die kollektivrechtlichen Mitbestimmungsansätze für die Betriebs- und Personalräte – ganz abgesehen von der verbreiteten und verständlichen Angst, sich überhaupt erst mit »der Hierarchie« anzulegen. Um so wichtiger erscheint es, daß die Interessenvertretung ihre Einflußpotentiale zur Mitgestaltung dieser Verfahren zur der Wahrung der Interessen der Mitarbeiter/innen konsequent wahrnimmt. Mögliche Überlegungen und Forderungen in diesem Sinne werden im Hinblick auf die Verfahrensdetails und Rahmenbedingungen im nunfolgenden Kapitel in ausführlicher Form entwickelt.

6. Gestaltungsmöglichkeiten für Zielvereinbarungs-Konzepte

Meines Erachtens macht es – solange ein tariflicher Bezug wie etwa im Organisationsbereich der IG Metall nicht vorhanden ist – wenig Sinn, gegen die vom Arbeitgeber gewünschte Einführung von Zielvereinbarungs-Systemen anzukämpfen. Wie gesehen sind sie zwar alles andere als risikolos. Aber es ist auch zu bedenken, daß für die potentiellen Alternativen, z.B. Entgeltverteilung über eine Leistungsbeurteilung durch Vorgesetzte, das gleiche gilt.

Zielvereinbarungs-Verfahren sind einer *Gestaltung* durch die Betriebs- bzw. Personalräte zugänglich, und diese Möglichkeit sollte nach meinem Dafürhalten offensiv genutzt werden, um die aufgezeigten Risiken zu minimieren und die Chancen und Potentiale zu fördern – im Sinne der Beschäftigten wie auch des Unternehmens bzw. der Behörde. Gestalten heißt keine kritiklose Akzeptanz der Arbeitgebervorschläge, sondern eine konkrete und rechtsverbindliche Regelung des gesamten Prozesses, die im Rahmen einer Betriebs- bzw. Dienstvereinbarung zu verankern ist.

Auf diese Weise ist es möglich, auch eigene Ziele der Beschäftigten und ihrer Interessenvertretung vorzubringen und die Leistungspolitik des Unternehmens, vielleicht sogar stärker als bisher, im Sinne der Belegschaften zu beeinflussen (vgl. auch Tondorf 1998b, S. 323). Es kommt hinzu, daß zumindest in Bereichen, in denen bislang Zeitlohn oder Gehalt gezahlt wurde, Zielvereinbarungen mit Entgeltkomponente ein Einfallstor für eine stärkere Beeinflussung der Leistungsbedingungen durch die Interessenvertretungen sind. Dort kann andernfalls nämlich allein der Arbeitgeber über die Leistungsintensitäten bestimmen, und bekanntlich geschieht dies über diverse Techniken der Leistungs- und Personalbemessung oft zu Lasten der Beschäftigten (vgl. z.B. Ehlscheid u.a. 1997b). Dies gilt jedoch nicht für Bereiche, in denen zuvor Leistungslöhne, insbesondere Akkord, gezahlt wurden.[48]

Die Erörterung von Gestaltungsmöglichkeiten orientiert sich an den in Abschnitt 2.3 dargestellten *Kernelementen* von Zielvereinbarungs-Kon-

48 Tondorf (1998a, S. 389) spricht für diese Bereiche von einem »mitbestimmungspolitischen Rückschritt«.

zepten. Ergänzend wird auf die diversen Rahmenbedingungen und -regelungen eingegangen, die ebenfalls in die Gestaltungsüberlegungen einzubeziehen sind.

Zentrale Steuerung der Zielvereinbarungs-Bereiche

Um eine völlige Beliebigkeit in den einzelnen Zielvereinbarungen zu verhindern und – auch wenn das auf den ersten Blick unpopulär erscheint – eine gewisse zentrale und übergreifende Kontrolle der Zielvereinbarungs-Aktivitäten und deren Ergebnisse zu gewährleisten, sollte Wert auf eine Rahmenregelung gelegt werden:

»Entscheidend für die Frage der Mitbestimmungsqualität ist …, inwieweit die Leistungsabsprachen vor Ort durch eine kollektivvertragliche Rahmenvereinbarung gesteuert werden. Eine wirksame Erweiterung der Mitbestimmung setzt voraus, daß die Beteiligungsrechte der Beschäftigten von den Betriebs- bzw. Tarifparteien per Vereinbarung garantiert werden, der Rahmen für zulässige Inhalte und Verfahrensweisen abgesteckt wird sowie Kontroll- und Sanktionsmechanismen verankert werden, die das Leerlaufen der Rechte verhindern« (Tondorf 1998a, S. 388).[49]

Dabei geht es insbesondere auch um die einvernehmliche Festlegung der *Zielbereiche*, in denen Zielvereinbarungen stattfinden können (z.B. Qualitätsziele, Verkaufsziele, Personalentwicklungs-Ziele).

Ergänzend zu einer solchen Rahmenregelung bietet sich die Einrichtung eines *paritätisch besetzten Gremiums* an, in dem Arbeitgeber und Betriebs- bzw. Personalrat diesbezügliche Absprachen treffen. Eine solche prozeßbezogene Lösung ist zwar kein Patentrezept für die Beherrschung aller möglichen Probleme im Zusammenhang mit Zielvereinbarungen, sie kann aber einige der drängendsten Schwierigkeiten besser beherrschbar machen:

- So kann ein solches Gremium Zielbereiche hinsichtlich der *Zielarten und -intensitäten* abstecken, an denen sich die Verhandlungsparteien auf dezentraler Ebene zu orientieren haben. Dadurch kann z.B. verhindert werden, daß je nach Verhandlungsmacht und -geschick

49 Vgl. auch Hlawaty (1998, S. 44).

von Vorgesetzten bzw. Mitarbeiter/innen stark unterschiedliche Leistungsabforderungen aus der Zielvereinbarung resultieren. Das Gremium könnte z.B. – eine Quantifizierbarkeit vorausgesetzt – Bandbreiten akzeptabler Zielniveaus festlegen und/oder die konkreten Ergebnisse untereinander vergleichen und ggf. korrigierend eingreifen (Lang 1998, S. 209). Dabei sind auch bereichs- oder abteilungsbezogene Differenzierungen denkbar.

- Neben den Leistungspensen können auch Richtlinien oder konkrete Absprachen über die *Rahmenbedingungen* der Zielvereinbarungen, insbesondere im Hinblick auf die Personalbemessung bzw. -besetzung entwickelt werden (Hlawaty 1998, S. 44).
- Es kann durch seine Arbeit den geforderten Parteien, Vorgesetzten und Mitarbeiter/innen, eine *Hilfestellung* und im Falle letzterer auch Schutz bieten, damit diese über eine gewisse Struktur verfügen können.
- Ein solches Gremium kann zusätzlich *Anlaufstelle für eine Konfliktlösung* nach dem Prinzip der Parität sein (vgl. unten). Dies gilt sowohl für den Fall der fehlenden Einigung über die relevanten Ziele (»echte« Zielvereinbarung) als auch bei Dissens zwischen den Parteien über den Grad der Erreichung der Ziele im Laufe des Soll/Ist-Vergleichs.
- Bei der Stadt Saarbrücken obliegt dem Gremium die Entscheidung, ob Teams oder Einzelpersonen aufgrund von Zielerreichungsgraden eine *Leistungszulage bekommen* oder nicht.

Im übrigen müßte auch der Arbeitgeber ein Interesse an einer zentralen Richtungsgebung etwa über ein solches Gremium haben, um z.B. aus seiner Sicht über ein Forum zu verfügen, um auf den beschriebenen Effekt der Vereinbarung möglichst niedriger Zielniveaus durch die Betroffenen zur Maximierung ihrer Entgeltaussichten einzuwirken (vgl. Abschnitt 4.2.1).

Beteiligte Parteien/Einzubeziehende Bereiche bzw. Mitarbeiter/innen-Gruppen

Zielvereinbarungen können mit einzelnen Mitarbeiter/innen oder mit ganzen Teams getroffen werden. Dabei werden die jeweiligen Arbeits- und Aufgabenstrukturen ausschlaggebend für die Bevorzugung der individuellen oder der kollektiven Variante sein. So macht es z.B. bei »echter« Teamarbeit, bei der sich die Mitglieder auf unterschiedlichen Arbeitsstationen abwechseln (job rotation) und als kooperative Einheit in Erscheinung treten, keinerlei Sinn, sie durch individuelle Zielvorgaben wieder künstlich zu »re-individualisieren«. Die Folge wäre wohl eine Tendenz zum Gegen- statt Miteinander und die Aushöhlung des für die Entwicklung von Gruppenarbeit unverzichtbaren kooperativen Fundaments zwischen den Mitarbeiter/innen: »Ellbogenmentalität« und Einzelkämpfertum zu Lasten von Kooperation und Teamorientierung.

Bei anderen Arbeitsplätzen (z.B. Kundenberater/innen in der Bank) sind individuelle Zielvereinbarungen besser umsetzbar, wenngleich auch dort das Problem der »Fehlsteuerung« zu Lasten der Kooperation besteht (vgl. Abschnitt 4.2.1).

Einen Überblick potentieller Vor- und Nachteile von Einzel- bzw. Gruppenlösungen vermittelt die nachfolgende Aufstellung nach Wiegand/Mößmer (1993, S. 9f.), die auf den Einzel- bzw. Gruppenprovisionen im Handel bezogen ist:

Bei Einzelprovisionen:

Vorteile

- direkte Möglichkeit des Einzelnen, sein Gehalt zu erhöhen
- klarer Bezug von Einzelleistung und Vergütung

Nachteile

- Konkurrenz zwischen den Beschäftigten wird erhöht
- gegenseitiges Ausspannen von besonders lukrativen Kunden
- hoher Verkaufsdruck/Tendenz zur Selbstausbeutung
- die Erfassung personenbezogener Leistungsdaten ist unerläßlich für eine exakte, überprüfbare Gehaltsabrechnung. Diese Daten können durch den Arbeitgeber zur Leistungs- und Verhaltenskontrolle genutzt werden
- größere Abhängigkeit von der konkreten Arbeitszeitlage
- eventuelle Nichtbeachtung von Arbeitszeitschutzvorschriften
- Gefahr von unkorrekter Beratung gegenüber Kunden/Aufdrängen von Waren
- die Gefahr von personenbezogenen monatlichen Soll-Umsatzvorgaben ist nicht auszuschließen
- direkte Auswirkungen von Leistungsschwankungen
- Vernachlässigung von »unproduktiven« Nebenarbeiten
- Kunden, die besonders »interessant« sind, werden eher bedient als die »normalen«

Bei Gruppenprovisionen

Vorteile

- Abbau von Konkurrenz zwischen den Beschäftigten (z.B. hinsichtlich Arbeitszeitlage, nichtverkaufsbezogene Arbeiten, Streit um Kunden usw.)
- geringerer Leistungsdruck auf den Einzelnen
- eine Einbeziehung »der Kulisse« ist besser möglich
- die Erfassung der personenbezogenen Leistungsdaten ist nicht erforderlich
- die Schwankungen in der Höhe der Leistungsvergütung dürften eher geringer ausfallen

Nachteile

- Entstehung von Gruppenzwängen
- Übernahme von gegenseitigen Überwachungs- und Disziplinierungsaufgaben
- Probleme bei unterschiedlichem subjektivem Leistungswillen bzw. objektivem Leistungsvermögen

Übersicht 6-1: Vor- und Nachteile von Einzel- bzw. Gruppenprovisionen im Handel (nach Wiegand/Mößmer 1993, S. 9f.)

Es zeigt sich, daß bei Individuallösungen ein höherer personenbezogener Leistungsdruck zu erwarten ist, weswegen viele Interessenvertretungen Zielvereinbarungen allenfalls auf Gruppenebene akzeptieren wollen. Andererseits ist nicht zu verkennen, daß man sich in Teams besser »verstecken« kann, so daß Gerechtigkeitsprobleme auf den Plan treten können. Auch ist nicht auszuschließen, daß eine Gruppe auf die/den einzelne/n sogar in subtilerer Form Druck ausübt bzw. weiterleitet.

Gleichwohl wiegen die Zielkonflikte zwischen individualisierter Zielvereinbarung und kooperativ-kollektiven Anforderungen im Rahmen von formalen oder informalen Teamstrukturen schwer, so daß dieser Aspekt sorgfältig abgewägt werden sollte. In der Tendenz überwiegen die Vorteile von Teamlösungen.

Ebenso kann es nicht allgemein geklärt werden, ob es sinnvoll ist, Zielvereinbarungs-Konzepte generell für *alle Beschäftigten* oder *nur für einzelne Belegschaftsteile (Bereiche)* einzuführen. Die Festlegung der einbezogenen betrieblichen Bereiche bzw. Belegschaftsgruppen sollte auf jeden Fall einvernehmlich zwischen Arbeitgeber und Betriebs- bzw. Personalrat erfolgen.

Unter dem Gesichtspunkt der Gleichbehandlung und der Entgeltgerechtigkeit spricht jedoch einiges dafür, daß *alle* Mitarbeiter/innen bzw. Teams das Recht auf einen kooperativen Ziel- bzw. Aufgabenfestlegungsprozeß haben und nicht nur die Führungskräfte etwa bis hinunter zur Abteilungsleiter/innen-Ebene.[50] Gerade im Entlohnungs-Zusammenhang bedeutet eine Selektivität im Abschließen von Zielvereinbarungen ungleiche Entgeltchancen für die Mitarbeiter/innen. Dies würde auch von vielen als ungerecht empfunden (Lang 1998, S. 208 f.). Auf jeden Fall müssen Beschäftigte mit vergleichbaren Tätigkeiten gleichermaßen behandelt werden. Jede Diskriminierung (z.B. nach Geschlecht oder zwischen Vollzeit- und Teilzeitkräften) ist auszuschließen.

Neueintretende Mitarbeiter/innen sollten nach Ablauf von sechs Monaten Anspruch auf Beteiligung am Zielvereinbarungs-System haben (Gewerkschaft HBV 1998, S. 8).

Regelungen zum Zielvereinbarungsgespräch

Wie bereits ausgeführt, ist das Zielvereinbarungsgespräch als *kooperativer Dialog* zu führen (vgl. Abschnitt 2.3).

Die bloße Order, ein solches Gespräch im dialogischen Geist zu führen, wird wohl kaum von den Führungskräften verinnerlicht. Entsprechend groß ist die Neigung, daß es quasi zu einer Zielverordnung bzw. -vorgabe und zu einem sehr kurzen und oberflächlichen Gespräch kommt, bei dem den Mitarbeiter/innen bzw. der Gruppe kaum eine Chance verbleibt, ihre Sichtweisen und Vorstellungen vernünftig zu artikulieren.

Es ist daher – auch wenn dies ebenfalls kein Allheilmittel ist – zu fordern, daß das Zielvereinbarungs-Gespräch *konkreten* Regelungen und inhaltlichen Anforderungen unterworfen wird. Dies erhöht zumindest die Chance auf einen »echten« Dialog. Regelhaftigkeit schafft einen gewissen Nachdruck, weil solche Normen auch den Mitarbeiter/innen

---

50 In einer »Mitarbeiter-Information« über das betriebliche Beurteilungskonzept heißt es: »Pilotprojekte haben bestätigt: Auch in einem Dienstleistungsunternehmen wie der (Name des Unternehmens) ist es möglich, mit *jedem* Mitarbeiter Ziele zu vereinbaren, die meßbar, befristet, realistisch und verständlich sind. Sie können qualitativer oder quantitativer Natur sein.«

bekannt sind, sie insofern klare Verletzungen registrieren und ggf. publik machen und sich dagegen zur Wehr setzen können. Den Vorgesetzten muß klar signalisiert werden, daß ein kooperativ-dialogisches Zielvereinbarungs-Gespräch zu ihren kardinalen Führungsaufgaben gehört.

Die wohl wichtigste Voraussetzung für ein Gespräch, das diesen Ideen entspricht, ist die Gewährleistung von *Angstfreiheit* (vgl. auch Wolff/Göschel 1984; Foullong/Jurkat 1992, S. 461). Ein kooperatives Miteinander, die gezielte Abklärung der relevanten Ziele und Aufgaben, die gezielte Förderung und Entwicklung kann *nur dann* gedeihen, wenn die Mitarbeiter/innen nicht mit Nachteilen materieller wie immaterieller, mittelbarer oder unmittelbarer Art rechnen müssen. Andernfalls sind effektivitätsbeeinträchtigende Einschränkungen in der Offenheit, Vorbehaltlosigkeit und der Entstehung von Vertrauen unausweichlich. Es ist daher vom Gestalterischen her alles nur Erdenkliche dafür zu tun, um den entfaltungshemmenden Faktor Angst aus dem Gespräch zu verbannen. Nur dann werden sich die Mitarbeiter/innen einigermaßen gleichrangig einbringen und auch eigene Gedanken, Sichtweisen und Gefühle vortragen können.

In diesem Sinne ist meines Erachtens eine Regelung in der abzuschließenden Betriebs-/Dienstvereinbarung anzustreben, wonach niemand in Zusammenhang mit Zielvereinbarung bzw. Soll/Ist-Vergleich oder kritischen Äußerungen im Gespräch benachteiligt werden darf (vgl. auch die Ausführungen zum Soll/Ist-Vergleich weiter unten).

Über einen solchen *Nachteilsausschluß* hinaus kann für das Beurteilungsgespräch ein *Set von Regeln* eingeführt werden, das zu einer gewissen Entkrampfung und zu einer Stärkung der Mitarbeiter/innen-Position im Sinne des Beteiligungsgedankens beitragen mag. Diese Regeln sind einerseits zu publizieren und bekannt zu machen, etwa in zugehörigen Leitfäden oder Broschüren, vielleicht in Kurzform einleitend auf den Bogen bzw. Gesprächsprotokollen und (warum eigentlich nicht?) in der Betriebs- bzw. Dienstvereinbarung. Ferner sind sie ein wesentliches Element zugrundeliegender Schulungsprogramme, nach denen sich die Beteiligten die Grundlagen dialogischer Zielvereinbarungsgespräche aneignen und in speziellen Übungen antrainieren können.

Mit solchen Regeln läßt sich zwar die hierarchische Beziehung zwischen den Gesprächspartner/innen nie ganz ausblenden, sie kann aber erheblich relativiert werden. Zudem mögen sie einen Beitrag dazu leisten, daß die Mitarbeiter/innen das Beurteilungsgespräch nicht als Bedrohung empfinden und sich relativ frei und unbelastet einbringen.

Regeln für einen »echten« Zielvereinbarungsdialog in diesem Sinne könnten z.B. sein:

Strukturelle, personelle, zeitliche und räumliche Voraussetzungen

- Das Zielvereinbarungsgespräch hat hohe Priorität (Führungsaufgabe) und wird in regelmäßigen Abständen durchgeführt (z.B. Jahresturnus; vgl. unten).
- Die Einladung der Mitarbeiterin/des Mitarbeiters bzw. der Gruppe erfolgt so zeitig (z.B. mindestens 14 Tage vorher), daß sich beide noch intensiv auf die Unterredung vorbereiten und einstimmen können. Hilfreich ist die Verteilung eines standardisierten Einladungsschreibens an die Vorgesetzten, auf dem diese nur noch den konkreten Termin und den Ort vermerken und das sie zusammen mit den Vorbereitungsmaterialien fristgerecht an die Mitarbeiter/innen schicken. Eine möglicherweise sinnvolle Regelung im Sinne einer »zentralen« Durchführungskontrolle kann sein, daß den Vorgesetzten die Pflicht zur Übersendung einer Kopie des ausgefüllten Einladungsschreibens an die Personalabteilung auferlegt wird.
- Die Beteiligten bereiten sich unabhängig voneinander und möglichst anhand von konkreten Materialien vor. Die für die Vorbereitung anzuberaumende Zeit sollte mindestens vier Stunden betragen und Bestandteil der regulären Arbeitszeit sein (vgl. Gewerkschaft HBV 1998, S. 5). Es empfiehlt sich, daß die Mitarbeiter/innen bzw. Teams vor dem Gesprächstermin alle relevanten Informationen, etwa über die Ziele der/des Vorgesetzten, der Abteilung/Organisationseinheit oder übergeordneter Bereiche erhalten.
- Wichtig ist auch die Wahl eines günstigen Ortes. Es sollte nicht gerade das Chefzimmer sein, da von diesem vermeidbare Kommunikationsbarrieren ausgehen können. Besser ist ein »neutraler« Besprechungsraum.
- Die Beteiligten nehmen sich genügend Zeit für die Unterredung. Trotz üblicherweise knapp bemessener Arbeitszeit erscheint ein Zeitrahmen von mindestens zwei Stunden angemessen. Störungen sind auszuschalten.
- Im Prinzip findet das Gespräch bei Einzelzielvereinbarungen unter vier Augen (Vorgesetzte/r, Mitarbeiter/in), bei Team-Zielvereinbarungen zwischen Gruppe und Führungskraft statt. Die Mitarbeiter/innen sollten jedoch auf ihren Wunsch hin ein Betriebs- bzw. Personalratsmit-

glied, die Frauenbeauftragte oder eine/n Schwerbehindertenvertreter/in hinzuziehen können.

Regeln im Gespräch selbst

- Das Gespräch ist als möglichst angstfreier, offener Dialog zu führen. Es ist grundsätzlich zweiseitig und kein hierarchischer Akt. Ansichten und Belange des/der Untergebenen sind gleichberechtigt. Gerade auch »kritische« Gespräche müssen auf der Basis grundsätzlicher Wertschätzung der Mitarbeiterin/des Mitarbeiters geführt werden.[51]
- Bei der Festlegung der Ziele muß der Mitarbeiter/die Mitarbeiterin bzw. das Team eine echte Einflußchance haben (vgl. auch unten zum Aspekt »Konfliktlösung«).
- Das Zielvereinbarungsgespräch darf umgekehrt nicht darauf hinauslaufen, schon vorher feststehende (Ziel-) Entscheidungen zu »verkaufen«. Beide Seiten bringen ihre Positionen und Argumente vor und sind bereit, bisherige Standpunkte im Gespräch zu verändern.
- Die Offenheit und Zweiseitigkeit ist oft für die »gestandenen Führungskräfte« ein Problem. Es ist aber für einen Dialog unabdingbar, daß auch sie geduldig zuhören und andere Positionen und Sichtweisen zur Kenntnis nehmen. In einem guten Gespräch stehen die beiderseits in Anspruch genommenen Redezeiten in einem ausgewogenen Verhältnis zueinander.
- Entsprechend darf es keine einseitige Bestimmung der Gegenstände und der Strukturierung (z.B. Themenvorgabe, Beendigung des Gesprächs) durch die/den Vorgesetzte/n geben. Auch die/der Mitarbeiter/in oder das Team müssen die Gesprächsthemen beeinflussen können. Es müssen ihr/ihm ausreichend Zeit und Gelegenheit zur Verfügung stehen, um ihre/seine Probleme, Sichtweisen, Wünsche, Ziele usw. offen ansprechen zu können. Die Unterredung wird erst beendet, wenn beide Gesprächspartner/innen glauben, daß alles Wichtige erörtert ist.
- Da erfahrungsgemäß solche Unterredungen leicht in einem inhaltlichen Chaos enden, ist es sinnvoll, auf die Strukturierung zu achten. Auch wenn diese nicht sklavisch eingehalten werden muß, erscheint es doch angezeigt, daß die Beteiligten zu Beginn des Gesprächs die aus ihrer Sicht anzusprechenden Punkte sammeln und eine Art Tagesordnung zusammenstellen. Eine solche Ordnung könnte z.B. wie in Übersicht 6-3 gezeigt aussehen.
- Ungeachtet der konkreten Regelungen über die Datenablage und -verwendung (vgl. unten) ist über Verlauf und Inhalt des Gesprächs von allen Beteiligten strikte Vertraulichkeit zu wahren.

51 Vgl. dazu Steinmann/Schreyögg (1993, S. 682).

Ergebnisse/Konsequenzen des Gesprächs

- Die Ergebnisse des Gesprächs müssen einvernehmlich von den Parteien getragen sein (notfalls als Kompromiß). Sie sind schriftlich in einem Gesprächsprotokoll festzuhalten (vgl. dazu das Beispiel eines Zielvereinbarungs-Protokolls in Übersicht 4-4). Die Regelungen zur Datenablage und -verwendung sind strikt einzuhalten.
- Die im Gespräch benannten Probleme und Quellen von Unzufriedenheit müssen auch angegangen werden, selbst oder gerade wenn es sich um die Gestaltung der Arbeitsbedingungen handelt. Das heißt, über die Ziele hinaus sollten möglichst konkrete Maßnahmen aus den Ergebnissen abgeleitet und in der anstehenden Periode umgesetzt werden. Das dürfen für die Mitarbeiter/innen bzw. Teams natürlich keine Sanktionen, sondern müssen vorzugsweise Förderungs- und Entwicklungsmaßnahmen sein. Aber auch andere Konsequenzen wie z.B. die Vereinbarung einer intensiveren Information der Mitarbeiterin/des Mitarbeiters durch die/den Vorgesetzte/n oder ein »job enrichment« können sinnvolle Ergebnisse eines solchen Dialogs sein.

Übersicht 6-2: Mögliche Regelungen für einen »echten« Zielvereinbarungs-Dialog

- Kurze Einleitung durch die/den Vorgesetzte/n und Festlegung der Tagesordnung
- Prüfung der Realisierung der im vorherigen Gespräch vereinbarten Maßnahmen
- Feststellung/Beurteilung der Mitarbeiter/innen- bzw. Team-Leistung
  - → Ziel A
  - → Ziel B
  - → Ziel C
  - → Ziel D
  - → Sonstiges (z.B. Mitarbeit im Projektteam XY)
- Entwicklung von konkreten Maßnahmen aus der Feststellung/Beurteilung der Zielerreichung (Förderung und Entwicklung)
- Fragen der Führung und Zusammenarbeit
- Vereinbarung von Zielen für die anstehende Periode
  - → Ziel A
  - → Ziel B
  - → Ziel C
  - → Ziel D
  - → Sonstiges (z.B. weitere Mitarbeit im Projektteam XY)
- Weitere Themenwünsche
  - → der Mitarbeiterin/des Mitarbeiters bzw. des Teams ....
  - → der/des Vorgesetzen ....
- Zusammenfassung und Abschluß

Übersicht 6-3: Mögliche Tagesordnung für ein Zielvereinbarungs-Gespräch

Ferner empfiehlt sich die Einbeziehung der aktuellen Stellenbeschreibung, damit gewährleistet werden kann, daß sich die festzulegenden Ziele im Bereich der vertraglich abgesteckten Aufgaben der Mitarbeiterin/des Mitarbeiters bzw. der Gruppe bewegen.

Falls über eine »Zielhierarchie« (vgl. Abschnitt 2.4) Rahmendaten im Spiel sind wie z.B. die Ziele der Organisationseinheit oder der Führungskraft, sollten diese den Mitarbeiter/innen respektive der Gruppe in einer Frist (z.B. 2 Wochen vorher) bekanntgegeben werden.

Regelungen zu den festzulegenden Zielen (Zahl, Art, Intensität, Beeinflußbarkeit usw.)

Die Beteiligten sollen sich auf eine *überschaubare* Zahl von Zielen/Aufgaben (z.B. drei bis fünf) verständigen. Weniger ist mehr, damit die anzustrebenden Ziele im Blickfeld bleiben und die ihnen zugedachte Funktion der Aufmerksamkeitslenkung und Anstrengungsmobilisierung überhaupt erfüllt werden kann.

Man sollte den Parteien ferner als wünschenswerte Norm mit auf den Weg geben, daß diese Festlegungen möglichst *klar, konkret, prägnant, greifbar und überprüfbar* sein sollen, am besten durch die Festlegung von Größen wie Kosten, Termine, Mengen, Qualitäten oder dergleichen. Zur generellen Auflage kann man das aus den genannten Gründen (vgl. oben; Abschnitt 2.3) jedoch nicht machen. Es muß auch möglich sein, sich bei komplexeren und unbestimmteren Aufgabeninhalten auf qualitative Umschreibungen zu beschränken. Ferner kann man die Parteien gerade für diese Art von Zielen auffordern, daß sie sich zugleich über Merkmale, Indikatoren, Sachverhalte verständigen, an denen man nach Ablauf der Zielvereinbarungsperiode in etwa erkennen kann, ob das Ziel gut oder weniger gut erreicht worden ist.

Ggf. können die Parteien auch unterschiedliche Gewichtungen der Ziele vornehmen.

Des weiteren ist die *Art* der festzulegenden Ziele von Relevanz. Diese können je nach Arbeitsbereich oder -zusammenhang erheblich variieren. Eine Monopolisierung auf ökonomische und dabei noch vorzugsweise quantitative Zielgrößen ist zu verhindern. Vereinseitigungen sind z.B. abzuwenden, indem klar geregelt wird, daß z.B. auch humanisierungsorientierte Ziele (Verbesserung der Arbeitsbedingungen, Erhöhung der Arbeitssicherheit, Förderung und Personalentwicklung usw.) in den Katalog festzulegender Größen aufgenommen werden können. Dies ist ein weiterer manifester Ausdruck dafür, daß die Mitarbeiter/innen als gleichberechtigte Partei einbezogen werden.[52] Darüber hinaus wird die Einbeziehung von Zielen der Beschäftigten die Funktionsmechanismen des gesamten Systems unterstreichen. Die Glaubwürdigkeit der »Vereinbarung« wird ebenso gestärkt wie die auch für die ökonomischen Ziele so wichtige Identifikation und Motivation der Mitarbeiter/innen.

Es empfiehlt sich, möglichst in einem zentralen, paritätisch besetzten Gremium die Bereiche festzulegen, in denen Ziele vereinbart werden können. Dies kann z.B. im Ergebnis heißen:

»Markt- oder Ertragsziele, Erfüllung von Standardaufgaben, Schwerpunktaufgaben, Projektaufgaben, persönliche Entwicklungsziele« (Gewerkschaft HBV 1998, S. 2).

Problematischer wegen der mangelnden Überprüfbarkeit sind demgegenüber viele Verhaltensziele (z.B. Kooperation, Teamverhalten usw.). Ich halte es aber für falsch, solche Aspekte wegen des Prüfungsproblems und unzureichender »Verobjektivierbarkeit« auszuschließen, da andernfalls die Gefahr droht, daß für die Aufgabe wichtige Aspekte (insbesondere Teamverhalten) außen vor bleiben. Wird wegen der Schwierigkeiten bei der Überprüfung auf solche Zielbereiche verzichtet und statt dessen – eben der »objektiveren« Überprüfung wegen – auf andere Größen ausgewichen, entsteht eben jenes Problem von gravierenden *Fehlsteuerungen* des Arbeitsverhaltens und der Aufmerksamkeit der Mitarbeiter/innen (vgl. Abschnitt 4.2.1).

Wichtig erscheint ferner die generelle Verhinderung solcher Zielbereiche, denen deutlich erkennbar zentrale Interessen der Mitarbeiter/innen entgegenstehen (Beispiel: Senkung von Fehlzeiten).

Die Ziele müssen ferner *transparent und durchschaubar* sein. Neben der Überschaubarkeit in der Zahl (wie schon gesagt sind drei bis fünf Ziele je Arbeitsplatz eine treffende Orientierungsgröße) ist in diesem Zusammenhang wichtig, daß die Zielfestlegungen im Gesprächsbogen schriftlich vermerkt und für beide Beteiligten erkennbar festgehalten

52 Dies ist z.B. bei Mercedes-Benz, der Carl Schenck AG und der Stadt Saarbrücken entsprechend geregelt worden (vgl. Tondorf 1998a, S. 390).

werden. Sie müssen ferner *spezifisch*, d.h. auf den konkreten Arbeitsbereich der Mitarbeiterin/des Mitarbeiters bzw. des Teams bezogen sein, sich jedoch stets im Bereich der vertraglich vereinbarten Arbeitsaufgaben bewegen. Sie können zwar durchaus anspruchsvoll und herausfordernd sein, müssen aber *erreichbar* bleiben und die Berücksichtigung anderer – z.B. sozialer – Zielgrößen ermöglichen. Zu eng bzw. hoch bemessene Vorgaben gehen zu Lasten der Kooperation mit anderen Mitarbeiter/innen oder Bereichen oder von langfristigen Zielen wie z.B. die Stärkung der Kund/innen-Bindung. Es ist zu verhindern, daß Ziele/Aufgaben rücksichtslos an Höchstleistungen orientiert und nur unter dauerhafter Überforderung, Streß und mit Überstunden zu erreichen sind.[53] Die Ziele müssen *auf Dauer (nicht nur kurzfristig!) physisch, psychisch und sozial zumutbar* sein. Wenn die Mitarbeiter/innen das Gefühl bekommen, daß sie unter dem Deckmantel eines progressiven Führungskonzepts nur ausgepresst werden sollen wie eine Zitrone, wird sich dies zu Lasten der Akzeptanz des Verfahrens auswirken (Mungenast 1994, S. 58). Dementsprechend darf es auch *keine Intensivierungspflicht* geben (vgl. Abschnitt 4.2.2). Die Leistungsschraube wird immer weiter nach oben getrieben, wenn einmal erreichte Zielniveaus in der nächsten Periode bereits zur Normalleistung geworden sind, die nunmehr wieder übertroffen werden muß (Tondorf 1998b, S. 325). Es darf keine Automatik ständig steigender Zielniveaus geben!

Ferner sind die *realen persönlichen Verhältnisse* bei der Bemessung von Zielgrößen einzubeziehen: Leistungsgeminderte Beschäftigte müssen z.B. entsprechend reduzierte Normen für sich beanspruchen können. Ausfallzeiten oder andere persönliche äußere Umständen sind zu berücksichtigen.[54] Es ist auch zu prüfen, ob die vorhandenen Kompeten-

53 In dieser Hinsicht wohltuend erscheint die folgende Klarstellung aus der »Mitarbeiter-Information« bei einem Sozialversicherungsträger: »Müssen es Jahr für Jahr *weitergehende* Ziele sein? Nein, nicht in jedem Fall: Auch die Bestätigung bisheriger Ziele kann zweckmäßig sein, um dem Mitarbeiter Orientierung und Sicherheit für die nächste Etappe zu geben. *Wesentlich* ist, die Ziele so zu setzen, daß der Mitarbeiter durch Erfolgserlebnisse motiviert wird, die erwarteten Leistungen zu bringen.«

54 Die Gewerkschaft HBV (1998, S. 3) nennt als äußere Umstände, die u.U. für die Zielerreichung von Bedeutung sind: »Krankheit, Eingreifen von Arbeitsschutzbestimmungen, Betriebs- oder Personalratsmitglied, Mitglied der Schwerbehindertenvertretung mit daraus zu erwartenden Ausfallzeiten, Urlaub, Bildungsurlaub, übliche und/oder im Einzelfall zu erwartende Arbeitsunfähigkeitszeiten.«

zen sowie Qualifikationen der Mitarbeiter/innen für die konsequente und möglichst eigenständige Verfolgung der Ziele ausreicht. Ist das nicht der Fall, sind die Kompetenzen entsprechend zu erweitern und Möglichkeiten zum Erwerb fehlender Qualifikationen bereitzustellen.

Des weiteren ist vor allem bei quantitativen Größen eindringlich darauf zu achten, daß nur solche Eingang in den Zielkatalog finden, die von den Mitarbeiter/innen oder der Gruppe auch tatsächlich aktiv durch ihr Leistungs- und sonstiges Arbeitsverhalten *beeinflußt* werden können. Ist von vorneherein klar, daß der Erreichungsgrad mehr von marktlichen, konjunkturellen oder sonstigen kaum kalkulierbaren Situationsfaktoren abhängig ist als vom Zutun der Mitarbeiterin/des Mitarbeiters bzw. des Teams, so sind solche Ziele denkbar ungeeignet. Das Erlebnis der Machtlosigkeit trotz großer Anstrengungen führt leicht zu Motivations- und Identifikationsverlusten bei den Betroffenen. Ebenso unsinnig ist es z.B., mit einer Außendienstmitarbeiterin ein Umsatzziel über Versicherungsverträge mit Industriekunden abzuschließen, wenn es in deren Arbeitsgebiet kaum genügend Industriekunden gibt.

Ferner müssen die Ziele bzw. die in ihnen »verpackten« Verhaltenserwartungen im Einklang stehen mit den im Betrieb geltenden kollektiven Normen, wie sie insbesondere mit Tarifverträgen und Betriebs- bzw. Dienstvereinbarungen abgesteckt werden. So müssen die Ziele z.B. in der Normalarbeitszeit erreichbar sein oder dürfen nicht die Beteiligung der Betroffenen an der betrieblichen Gleitzeit beeinträchtigen (vgl. Gewerkschaft HBV 1998, S. 2).

Freiwilligkeit der Zielvereinbarung?

In einem großen deutschen Automobilunternehmen ist kürzlich eine Betriebsvereinbarung zu Zielvereinbarungen verabschiedet worden, in der ihr Abschluß einer *freiwilligen Übereinkunft* der Parteien überantwortet wird:

»Zielvereinbarungen sind das Ergebnis einer Verständigung zwischen Vorgesetzten und Beschäftigten (-gruppen). Einseitige Zielvorgaben sind nicht im Sinne eines fairen Aushandlungsprozesses, somit also auch keine Zielvereinbarungen. Insofern ist der Abschluß von Zielvereinbarungen freiwillig.«

Damit können die Mitarbeiter/innen wie auch die Vorgesetzten dieses Instrument – jedoch rein zu Führungs- und Kooperationszwecken – nutzen, müssen dies aber nicht. Entsprechend heißt es auch in der Vereinbarung:

»Ist keine Einigung über die Ziele zwischen den beiden möglich, so kommt eine Zielvereinbarung nicht zustande.«

Eine solche Regelung ist geeignet, das Thema »auf kleiner Flamme« im Betrieb einzuführen, ohne daß es gleich zu einem flächendeckenden und folgenreichen Instrument der Personalpolitik gemacht wird. Damit werden die Risiken aus Sicht der Beschäftigten zweifellos begrenzt, aber auch das Chancenpotential im Hinblick auf eine veränderte Kooperationskultur vermutlich nur dort (bei *den* Vorgesetzten) ausgeschöpft, bei denen es am wenigsten nötig ist.

Ob diese Option der Schaffung eines auf Freiwilligkeit gründenden Lernfeldes zur vorsichtigen Aufbereitung von Zielvereinbarungen im Betrieb Sinn macht, kann nur in Kenntnis der jeweiligen Bedingungen vor Ort eingeschätzt werden.

Laufzeiten

Hinsichtlich des Vereinbarungszeitraumes spricht vieles für den *Jahresturnus.* Die Mitarbeiter/innen oder Gruppen benötigen einen bestimmten Entfaltungsspielraum bei der Verfolgung von Zielen, so daß es nicht sinnvoll erscheint, sich monatlich oder gar in noch kürzeren Abständen zusammenzusetzen. Bei zu kurz getakteten Zielvereinbarungs-Gesprächen leidet außerdem die Akzeptanz, da bei Vorgesetzten wie Mitarbeiter/innen der Planungs- und Koordinationsbedarf als hoch zu veranschlagen ist.

Gleichwohl gibt es Bereiche, in denen kürzer getaktete Teil-Ziele Sinn machen, etwa bei quantifizierbaren Leistungszielen bei Gruppenarbeit (z.B. 6 Monate Laufzeit). Dadurch können besser nachfragebedingte Schwankungen in der Auslastung oder Veränderungen in den Produktions- und Prozeßabläufen berücksichtigt werden (Hlawaty/Hlawaty 1998, S. 104f.).

Regelung der Rahmenbedingungen

Vor allem Leistungsziele können nur sinnvoll erreicht werden unter bestimmten personellen, technischen und sachlichen Rahmenbedingungen (z.B. einer vorhandenen Personaldecke im Team, keine unbesetzten Stellen über längere Zeit, einer günstigen Marktsituation). Daher empfiehlt es sich, in Verbindung mit Zielvereinbarungen auch die entsprechenden Rahmenbedingungen (im Team, in der Abteilung) zu dokumentieren, unter denen die Absprache lediglich Gültigkeit beanspruchen kann. D.h., es müssen z.B. die tariflichen oder betrieblichen Arbeitszeiten sowie die gängigen Ausfallzeiten und die Personalbemessung der jeweiligen Organisationseinheit berücksichtigt werden. Das kann am besten geschehen, indem solche Rahmenbedingungen möglichst klar und in schriftlicher Form festgehalten werden. Ändert sich daran etwas während des Verlaufs der Zielperiode, muß eine entsprechende Zielkorrektur erfolgen (vgl. unten).

Denkbar ist zudem eine Regelung in dem Sinne, daß sich die Verhandlungsparteien auch über notwendig erscheinende Veränderungen der Leistungsbedingungen im Vorfeld des Inkrafttretens der Vereinbarung verständigen (Tondorf 1998a, S. 390f.).

Zusätzlich empfiehlt die Gewerkschaft HBV (1998, S. 4), die Einführung von Zielvereinbarungs-Verfahren dazu zu nutzen, der mittlerweile durch das Arbeitsschutzgesetz vorgeschriebenen Arbeitsplatzüberprüfung Geltung zu verschaffen:

»Vor jeder Zielvereinbarung sind Arbeitsplatz, Arbeitsabläufe und Arbeitsumgebung auf die Einhaltung aller rechtlichen Anforderungen zu überprüfen. Eine Arbeitsplatzbeschreibung ist zu erstellen. Das Belastungsspektrum ist durch eine differenzierte Arbeitsplatzanalyse zu ermitteln und zu dokumentieren (§§ 5 und 6 Arbeitsschutzgesetz)« (ebenda).

An dieser Überprüfung ist der Betriebs- bzw. Personalrat zu beteiligen. Sie soll bei jeder Zielvereinbarung erneuert werden, vor allem dann, wenn wesentliche Veränderungen im Arbeitsablauf, bei den Arbeitsmethoden oder in den Umgebungsbedingungen stattgefunden haben.

Festlegung der Kriterien der Zielüberprüfung und der Folgen der Zielerreichung

Im Zielvereinbarungsgespräch sollen sogleich Kriterien oder Indikatoren festgelegt werden, an denen man nach Ablauf der Zielperiode (z. B. ein Jahr) erkennen kann, ob die Ziele erreicht oder verfehlt wurden, so daß ein Soll/Ist-Abgleich möglichst ohne große Probleme erfolgen kann. Bei quantitativ-ökonomischen Zielen sind dies Kennzahlen im weitesten Sinne, bei qualitativen Zielen Indikatoren oder Gütekriterien. Dabei gilt als Grundsatz, daß von vorneherein ein möglichst konkretes Bewertungsschema entwickelt wird, um Ermessensbeurteilungen der Vorgesetzten zu vermeiden.

Wie in Abschnitt 4.2.1 dargelegt, kann dies aber nicht als Dogma gelten. Wenn die Kennzahlen, Quoten, Indikatoren methodisch allzu fragwürdig sind und kaum als geeignetes Abbild der Leistungen bzw. der Zielerreichung der Mitarbeiter/innen bzw. Teams taugen, ist das Vorgesetzten-Urteil meines Erachtens vorzuziehen, denn es ist wenigstens in seiner Problematik offen zu erkennen und insofern leichter anzufechten. Gegen subjektive Ermessensbeurteilungen ist vermutlich leichter anzugehen als gegen vermeintlich klare Zahlen – mag ihre Aussagekraft auch noch so fraglich sein.

Es kann also nicht – wie auch Frieling (1994, S. 141) feststellt – um die »Messung« anhand von Kennzahlen um jeden Preis und als »statistischer Selbstzweck« gehen. Sie müssen methodisch tragfähig sein und als Indikator für Leistung bzw. Zielerreichung wirklich taugen. Ebenso wichtig ist es nach Frieling (ebenda), die Mitarbeiter/innen in die »Entwicklung, Dokumentation und Diskussion von Kennzahlen« aktiv einzubinden.

Insbesondere bei Entlohnungsbezug sollte die Festlegung der Folgen der Zielerreichung bzw. -verfehlung eindeutig und möglichst einvernehmlich geregelt werden (Zielkorridore). Nach einem Vorschlag der Gewerkschaft HBV empfiehlt es sich, nicht mehr als drei Zielerreichungsgrade festzulegen, die allesamt das volle Zielniveau nicht überschreiten sollten (z. B. 100 %, 90 %, 80 %). Mit einer derartigen Beschränkung wird es möglich, dem ständigen Drehen an der Leistungsschraube entgegenzuwirken (Gewerkschaft HBV 1998, S. 3).

Ein solches Konzept wird schwer durchzusetzen sein, da die Arbeitgeberseite auch an einer Stufung über die 100 %-Marke hinaus interessiert sein dürfte. Jedoch sollte in jedem Fall darauf geachtet werden, daß Höchst-Zielerreichungsgrade (z.B. bei 110%) »eingezogen« werden, über die hinaus keine variable Vergütung mehr gezahlt wird. Eine solche Regelung fungiert als Schutz der Mitarbeiter/innen vor Überforderung und Selbstausbeutung.

Bei der Landeshauptstadt Saarbrücken wird die Entscheidung über die Gewährung von Zulagen an Teams oder einzelne Mitarbeiter/innen von einer paritätisch besetzten Kommission auf Vorschlag der Verwaltung getroffen (Tondorf 1998a, S, 391).

Wichtig erscheint ferner, aus Gründen der Motivation (genauer: Nicht-Demotivation) darauf zu achten, daß möglichst viele Mitarbeiter/innen eine Zulage bekommen. Konzepte, die nur einen variablen Vergütungsanteil für wenige Höchstleister/innen vorsehen, sind aus Sicht der Beschäftigten abzulehnen und vermutlich auch aus Sicht der Unternehmen/Behörden kontraproduktiv.[55] Die häufig vorzufindenden Versuche der Arbeitgeber, eine Quotierung durchzusetzen (z.B.: Höchstens 10% der Beschäftigten dürfen eine Leistungszulage bekommen), sind höchst problematisch und daher abzuwenden!

Ferner ist bei der Festlegung der Folgen der Zielerreichung darauf zu achten, daß niemand wegen Defiziten in der Zielerreichung stigmatisiert und diskriminiert wird. Besonders kritisch in diesem Sinne ist das in Kapitel 3 näher beschriebene Beispiel einer Bank, in der die Vertriebs- und AT-Angestellten nach Addition gewichteter Zielerreichungsgrade in die Kategorien »Top-, Voll-, Basis- und Grenz-Zielerreichung« eingeteilt werden. Nur zu leicht entstehen daraus üble Typisierungen wie »Basis-Leister« und »Grenz-Leister«.

»Echte« Vereinbarung/Konfliktlösung nach dem Prinzip der Parität

Wegen der Neigung zu Zielvorgaben im Rahmen von Zielhierarchien (vgl. Abschnitt 2.4) besteht eine der wichtigsten Anforderungen aus Sicht der Arbeitnehmer/innen darin, daß es sich bei der Ziel*vereinbarung* nicht um eine Scheinbeteiligung der Mitarbeiter/innen handeln darf, sondern um einen Ansatz, der diesen Namen auch zu Recht trägt.

---

55 Vgl. zur Begründung Abschnitt 4.2.2.

Die Mitarbeiter/innen zu beteiligen heißt, sie/er bzw. die Gruppe muß eine *reale* Einflußchance auf Art und Niveau der Ziele besitzen und nicht mit bereits für sie/ihn vorbestimmten Ergebnissen und einer erwarteten Zielzustimmung konfrontiert werden. Ziele dürfen nicht aufgezwungen sein; die Vorgesetzten müssen dementsprechend auch einen Verhandlungsspielraum haben.

»Zielvereinbarungen, die nicht von den Beschäftigten getragen werden, müssen unzulässig sein« (Tondorf 1998b, S. 325).

Das ist wichtig, damit sich die Mitarbeiter/innen bzw. das Team mit den Zielen identifizieren, sie verinnerlichen und als »die ihren« anerkennen. Diese Identifikation ist nicht umsonst zu haben. Hier ist im Konfliktfall ein gewisses Maß an Offenheit und Bereitschaft zu Zugeständnissen seitens der Vorgesetzten bzw. des Unternehmens erforderlich. Andernfalls ist »Beteiligung« und »Vereinbarung« nicht viel mehr als eine schöne Floskel. Der Schuß geht sogar dann nach hinten los, nämlich, wenn die Mitarbeiter/innen den Eindruck bekommen, das Gespräch sei lediglich auf ein geschicktes »Verkaufen« von vorher ohnehin schon feststehenden Zielen angelegt. Die wahre Kooperativität muß sich nämlich *besonders* im Konfliktfall erweisen. Wird dann nach der Devise verfahren, daß kategorisch das Wort der/des Vorgesetzten gilt, ist gegenüber der alten Philosophie nicht viel gewonnen – im Gegenteil: das ganze Konzept mit seinen hehren Ansprüchen wird unglaubwürdig und in der Belegschaft als (weiterer) Versuch des Managements abgestempelt, die Mitarbeiter/innen unter dem Schein freundlichen Entgegenkommens mit immer höheren Zielfestlegungen unter Druck zu setzen.

Nach Oechsler (1992, S. 56f.) sollten für einen Vereinbarungsprozeß die folgenden Prinzipien gelten:

»• die Überprüfung der Argumente des anderen (check)
• der Ausgleich zwischen unterschiedlichen Standpunkten (balance)
= zum Treffen einer verpflichtenden Vereinbarung (commitment).«

Es sollte also eine offizielle Regelung gefunden werden, etwa der Art, daß bei der Zielfestlegung die über die/den Vorgesetzte/n eingebrachten Unternehmensziele ebenso berücksichtigt werden wie die persönlichen Wünsche und Vorstellungen der Beteiligten, insbesondere der Mitarbeiter/innen. Selbstverständlich wird zu gewährleisten sein, daß die zu findenden Lösungen nicht fundamental gegen die Zielrichtung der übergeordneten Ebene verstoßen, weil andernfalls die Unternehmensplanung unter Umständen erschwert wird. Es muß aber möglich sein, daß nach eingehender Diskussion z.B. auch Abstriche an den quantitativen Zielvorstellungen der Vorgesetzten (z.B. Erhöhung der zu bearbeitenden Fallzahlen nur um 2 anstatt um 10%) gemacht werden, wenn klar wird, daß das vorgeschlagene hohe Ziel unrealistisch oder angesichts persönlicher Einflüsse nicht umzusetzen sein wird. In jedem Fall müssen die beiden Gesprächspartner/innen jenseits dieser unmittelbar planungsbezogenen Ziele Raum für das Einbringen eigener Festlegungen (auch qualitativer Art) haben, wobei selbstredend den Vorstellungen und Wünschen der Mitarbeiter/innen ein besonderer Stellenwert zukommt – schließlich geht es um *ihre* Ziele bzw. Aufgaben.

In diesem Sinne könnte man z.B. in einer Betriebs- bzw. Dienstvereinbarung zur Zielvereinbarung folgendes regeln: Die beiden Beteiligten (oder die Vorgesetzten zusammen mit den Teammitgliedern) diskutieren die festzulegenden Ziele konstruktiv mit dem Willen zur Einigung. Dabei werden sowohl die Vorstellungen der beiden Parteien als auch die maßgeblichen Rahmengrößen der Zielplanung des Unternehmens eingebracht. Im Konfliktfall sind Kompromißlösungen anzustreben.

Wird dennoch eine Einigung nicht erzielt, so müssen Regularien zur Auflösung des Dissenses gefunden werden. So könnte etwa für diesen Fall ein weiteres Gespräch unter Hinzuziehung der/des Vor-Vorgesetzten und eines zuständigen Mitglieds des Betriebs- bzw. Personalrats zur Zielklärung angesetzt werden. Oder es wird geregelt, daß im Konfliktfalle vorläufig die von der/dem Vorgesetzten festgelegten Ziele gelten. Der Mitarbeiterin/dem Mitarbeiter oder der Gruppe steht es jedoch frei, ein auf dem Prinzip der Parität aufbauendes und in der Betriebs- bzw. Dienstvereinbarung zu regelndes Verfahren zur Konfliktlösung in Gang zu setzen.[56]

Wichtig ist, daß nicht automatisch »die Hierarchie« im Konfliktfall den Ausschlag gibt, denn dann ist eine Ziel»vereinbarung« gefährlich nahe an einem manipulativen Denkansatz.[57] Wer die Mitarbeiter/innen

56 Vgl. dazu auch die Formulierungsvorschläge für eine Betriebsvereinbarung bei Hlawaty/Hlawaty (1998, S. 121).

57 So heißt es in der mit dem Personalrat abgestimmten »Mitarbeiterinformation« bei einem Sozialversicherungsträger: »Wird keine Übereinstimmung erzielt, ist der nächsthöhere Vorgesetzte und auf Wunsch des Mitarbeiters ein Vertreter des Örtlichen Personalrates heranzuziehen. Wenn auch dann keine Einigung möglich ist, kann sich der Mitarbeiter an die Schlichtungsstelle wenden, die bei der Hauptverwaltung eingerichtet wird.«

ernsthaft beteiligen will, muß Verhandlungsspielräume schaffen und ihnen gerade im Dissens Raum für die Geltendmachung ihrer Position verschaffen. Die Anerkennung einer echten Partnerschaft zwischen Unternehmen und Mitarbeiter/innen und ihre Umsetzung in dazu passende Regeln ist der Preis, den die Organisation gerade unter den heute geltenden Bedingungen entrichten muß, um sich der Kooperation der Mitarbeiter/innen (und ihrer Interessenvertretung), der Erreichung bestmöglicher, problem- und aufgabennaher Lösungen sowie einer realen Identifikation mit den Zielen zu versichern.

Dazu bedarf es zugegebenermaßen eines gewissen Maßes an *Courage* seitens des Managements, da nicht wenige seiner Vertreter/innen bei derartigen Vorschlägen das Ende des unternehmerischen Direktionsrechts und damit Chaos und Anarchie heraufziehen sehen. Typischer Ausdruck solcher Befürchtungen ist etwa die folgende Regelung aus einer Betriebsvereinbarung aus einer genossenschaftlichen Rechenzentrale:

»Kommt in dem Gespräch über die Ziel- und Aufgabenvereinbarung keine Einigung zustande, so kann der Mitarbeiter den nächsthöheren Vorgesetzten einschalten. An diesem Gespräch mit dem nächsthöheren Vorgesetzten nimmt auf Wunsch des Mitarbeiters ein zur Beurteilung der offenen Punkte befähigter Kollege und ggf. der Personalleiter teil. Das Direktionsrecht des Arbeitgebers wird hierdurch nicht eingeschränkt. Aufgrund des Direktionsrechtes entscheidet der Vorgesetzte, wenn in diesem zweiten Gespräch kein Einvernehmen erzielt wird.«

Diese Leute können beruhigt werden: Vielleicht überrascht es sie sogar, daß gar nicht so wenige und großenteils sehr erfolgreiche Unternehmen bereits konstruktive Schritte in diese Richtung unternommen haben.

Bertelsmann z.B. praktiziert seit vielen Jahren Mitarbeiterbesprechungen, bei denen die Mitarbeiter/innen faktisch Veto-Rechte haben (vgl. o.V. 1985, S. 9).[58]

Bei *Mercedes-Benz* wurde eine interessante Regelung zur Festlegung der Zielvorgaben für Arbeitsgruppen in der Produktion per Betriebsvereinbarung eingeführt, die sich auch auf individuelle Zielvereinbarun-

58 Vgl. zu dem Gesamt-Instrumentarium der Bertelsmannschen Beteiligungskultur Sauer/Schlüter (1994). Zu einer gewerkschaftlichen Analyse und Einschätzung dieser Aktivitäten im Hause Bertelsmann vgl. Bundesmann-Jansen/Pekruhl (1992).

gen in allen Unternehmensbereichen übertragen ließe (vgl. den Wortlaut dieser Regelung unten in Abschnitt 7.4). Demnach gibt es keine einseitige Leistungsvorgabe von Seiten des Unternehmens; die Ziele werden in einem echten Vereinbarungsprozeß zwischen den Gruppen und ihren Vorgesetzten ausgehandelt und festgelegt. Die Daten einer summarischen Arbeitsbewertung werden (ausschließlich) als Hilfsmittel herangezogen,[59] nicht aber als »objektiv« ermittelte Grundlage für Vorgaben. Den Akteuren steht bei diesem Vorhaben eine paritätisch besetzte Experten/innen-Gruppe zur Seite, aber ausschließlich beratend. Wird keine Einigung erzielt, entscheidet eine paritätische Kommission, die bislang allein für Prämienfragen zuständig war, oder im Zweifel sogar die Einigungsstelle. Es bestehen ferner Reklamationsrechte der einzelnen Mitarbeiter/innen gegen die auf diese Weise (von Gruppe und Führungskraft) festgelegten Ziele (vgl. dazu Jocham 1993).

Eine Reihe von anderen Unternehmen hat im Rahmen von Betriebs- oder Tarifvereinbarungen Regelungen verabschiedet, wonach z.B. Ziele und Arbeitspensen für die einzelnen Mitarbeiter/innen reklamierbar sind und eine paritätische Kommission – bei deren Nichteinigung die betriebsverfassungsrechtliche Einigungsstelle – den Konflikt behandelt. Hier wäre etwa der Mitwirkungs-Tarifvertrag der Firma *Teldec* aus dem Jahre 1991 anzuführen.

Offensichtlich bedeuten also Zugeständnisse im Geiste einer realen und nicht bloß folgenlos behaupteten Beteiligung der Mitarbeiter/innen keineswegs Anarchie, Chaos und Unwirtschaftlichkeit – im Gegenteil. Niemand wird ernsthaft bestreiten, daß Unternehmen wie Bertelsmann und Mercedes-Benz zu den besten Adressen der deutschen Wirtschaft gehören.

Sprenger (1993) hat in seinem Werk über den »Mythos Motivation« auf ebenso amüsante wie inhaltlich treffende Weise herausgearbeitet, warum es den meisten Unternehmen trotz verbaler Bekenntnisse zu Beteiligung nicht gelingt, die Arbeitskraft und Innovativität ihrer Mitarbeiter/innen ganz zu erschließen und für sich nutzbar zu machen: Der Verdacht, daß die Beschäftigten reale Freiräume zum Faulenzen (zum Herunterdrücken der Zielvorgaben) nutzen könnten und wür-

59 Vgl. zum Aspekt der Datenermittlung im Zusammenhang mit Zielfestlegungen speziell Simon (1994, S. 243f.).

den, ist der Nährboden ihrer wirklichen, den hehren Versprechungen und Worthülsen entgegenlaufenden Unternehmenskultur. Manipulative Ziel»vereinbarungs«-Konzepte, bei denen in einem freundlichen Gespräch die Zustimmung der Mitarbeiter/innen zu bereits vorbestimmten Zielen eingeholt, ihnen aber keine reale Chance zu einer Zielkorrektur zugestanden werden soll, sind der beste Ausdruck einer solchen Mißtrauens-Organisation.

Diese Befürchtungen des – wie die Ökonom/innen gerne sagen – »opportunistischen Verhaltens« der Mitarbeiter/innen erweisen sich etwa bei Bertelsmann als haltlos.[60] Wenn man den Ansatz aufgibt, die Beschäftigten in Unmündigkeit zu belassen und – schlimmer noch – durch bombastische Lippenbekenntnisse ohne strukturelle Folgen zum Narren zu halten, dann werden die Handlungs- und Entscheidungsspielräume keineswegs zuungunsten der Unternehmensziele ausgenutzt. Die allermeisten Beschäftigten wie auch ihre Interessenvertretung werden dieses Vertrauen nämlich durch eine intensive und verinnerlichte anstatt bloß äußerlich per Zwang erzeugte Beteiligung an der Erreichung der Leistungsziele danken und rechtfertigen. Auch wird es selten dazu kommen, daß die nach dem paritätischen Prinzip aufgebauten Konfliktlösungskanäle überhaupt in Anspruch genommen werden. Für das Beispiel Bertelsmann hat sich etwa herausgestellt:

»Die Erfahrungen zeigen ..., daß dieses Abstimmungsverfahren bislang kaum zur Anwendung kam. Bereits in der Diskussion werden gemeinsame Lösungen gefunden. Viele denkbare Konflikte entstehen gar nicht erst, weil die Mitarbeiter nicht vor vollendete Tatsachen gestellt werden, sondern ihre Vorstellungen frühzeitig zum Ausdruck bringen können« (o.V. 1985, S. 9).[61]

---

60 Selbstverständlich kann nicht bestritten werden, daß es im Arbeitsalltag Beispiele für »opportunistisches Verhalten« der Arbeitnehmer/innen gibt. Sprenger (1993, S. 40f.) macht jedoch plausibel, daß dieses zu einem nicht zu beziffernden Anteil von der Verdachts- und Mißtrauens-Kultur im Sinne einer sich selbst erfüllenden Prophezeiung miterzeugt wird: »Mißtrauen, so der Bielefelder Soziologe Niklas Luhmann, besitze die unabweisbare Tendenz, sich im sozialen Miteinander zu bestätigen und zu verstärken. Wenn ich mißtrauisch bin, wird es sich bewahrheiten. ... Und Robert K. Merton sekundiert: ›Mißtrauische Vorgesetzte werden es immer erleben, daß Mitarbeiter das Mißtrauen durch ihr Verhalten rechtfertigen.‹ Wenn Führungskräfte ihre Mitarbeiter für dumm, antriebslos und unselbständig halten, dann verhalten sich diese auch so.«

61 Vgl. dazu auch Sauer/Schlüter (1994, S. 589).

Oechsler (1992, S. 57) weist richtigerweise darauf hin, daß durch die reine Existenz einer übergeordneten Konfliktlösung losgelöst von den direkt Beteiligten bei diesen ein erheblicher Druck auf die Erzielung einvernehmlicher Lösungen erzeugt wird, so daß sich die geringe Inanspruchnahme der Reklamationskanäle auch schlüssig erklären läßt:

»Wer einmal einen Konfliktprozeß aus der Hand gegeben hat und mit einer Lösung konfrontiert wurde, an der keine Korrekturen mehr vorgenommen werden konnten, wird künftig bemüht sein, die Verfahrensherrschaft über den Konflikt nicht mehr aus der Hand zu geben und selbst zu einer Einigung zu gelangen« (ebenda).

Dokumentation der vereinbarten Ziele, Unterschriften

Die konkreten Ergebnisse des Zielvereinbarungs-Gespräches sowie die Leistungsbedingungen, unter denen diese Absprachen Gültigkeit beanspruchen können, müssen klar und nachvollziehbar sein. Daher werden die von den Parteien vereinbarten Ziele schriftlich in einem Zielvereinbarungs-Bogen festgehalten (vgl. dazu das einfache Beispiel in Abschnitt 2.3). Vorgesetzte/r und Mitarbeiter/in bzw. die Gruppe erhalten jeweils eine Kopie.
Tondorf (1998b, S. 327) schlägt eine erweiterte Fassung eines solchen Formulars vor, das auch die Beziehung zur Vergütung sowie die Festlegung der Rahmenbedingungen als integraler Bestandteil der Zielvereinbarung einbezieht (siehe nächste Seite).

Ggf. ist im Bogen auch Raum für schriftliche Anmerkungen der Arbeitnehmerin/des Arbeitnehmers bzw. des Teams sowie für die Festschreibung von Qualifizierungsbedarfen zur Förderung der Zielerreichung zu berücksichtigen.

Ein gewisses Problem ist in den *Unterschriftenregelungen* zu sehen. Diese wird man meines Erachtens in hohem Maße vom tatsächlichen Ausmaß der Beteiligung der Mitarbeiter/innen abhängig machen müssen. Gelingt es, eine »echte« Zielvereinbarung in dem oben entwickelten Sinne zu erreichen, wird man sich einer beiderseitigen Unterschrift von Mitarbeiter/in (Teamsprecher/in) und Vorgesetzter/Vorgesetztem zum Zeichen des Anerkenntnisses kaum widersetzen können.

Regelungspunkte einer Zielvereinbarung

Vertragsparteien: ______________________________

Ziele: ______________________________

Zeitraum der Zielvereinbarung: ______________________________

Leistungsvergütung: ______________________________

Für die volle Erreichung der Ziele wird das maximale Leistungsentgelt in Höhe von ... gezahlt

Für die teilweise Erreichung der Ziele wird ein entsprechender Teilbetrag gezahlt.

Leistungsbedingungen:
Die vereinbarten Ziele werden unter folgenden Bedingungen erbracht:

Personelle Besetzung: ______________________________

Aufgaben (lt. Stellenbeschreibung) und Eingruppierung: ______________

Derzeitige technische Ausstattung: ______________________________

Sonstige wichtige Leistungsbedingungen: ______________________________

Datum, Unterschriften ______________________________

Übersicht 6-4: Erweitertes Formular zur Erfassung der Zielvereinbarungen (modifiziert nach Tondorf 1998b, S. 327)

Ist dies jedoch nicht der Fall, und bei dem System handelt es sich um eine Quasi-Zielvorgabe mit begrenzten Beteiligungselementen, ist meines Erachtens eine Unterschrift vor allem der einzelnen Mitarbeiterin/des Mitarbeiters im Sinne einer Einverständnis-Erklärung gefährlich. Unter Fortbestand einer im Grunde hierarchischen Beziehung sprechen Vorgesetzte/r und Mitarbeiter/in über festzulegende Ziele und ggf. Erreichungsgrade der Ziele aus der gerade abgelaufenen Priode. Es kommt nach aller Erfahrung regelmäßig vor (weil es fast schon natürlich ist), daß die Parteien unterschiedliche Auffassungen und Sichtweisen darüber haben und diese Unterschiede auch nach einer Diskussion bestehen bleiben. Es ist jedoch nicht unbedingt so, daß die Mitarbeiter/innen explizit ihre andere Sichtweise kundtun – aus einsehbarem Grund, denn sie fürchten zumindest bei einem bestimmten Vorgesetzten-Typus Repressalien oder Benachteiligungen bei einer offiziellen Auflehnung gegen deren Vorstellungen über die Ziele. In den erwähnten Fällen müßten die Mitarbeiter/innen ihre Unterschrift verweigern, um zu dokumentieren, daß sie zumindest teilweise anderer Meinung sind. Das werden sie in den allermeisten Fällen aber nicht tun. Sie werden eher gegen ihre eigentliche Position ihr Einverständnis erklären, um die/den Vorgesetzte/n nicht gegen sich aufzubringen. Und dann sitzen sie gewissermaßen in der Falle: Sie haben eine eventuell negative Bewertung bzw. ein bestimmtes Paket von Zielen offiziell anerkannt und können jederzeit darauf »festgenagelt« werden. Das kann ihnen in vielen denkbaren Situationen gravierende Nachteile bringen, etwa in einem Kündigungsschutzprozeß.

Es muß in diesen Fällen einer deutlich hierarchiedominierten Ziel»vereinbarung« klargestellt werden, am besten in der Betriebs- bzw. Dienstvereinbarung und im Gesprächsbogen, daß die Mitarbeiter/innen die *Kenntnisnahme* der Zielfestlegungen bzw. der Bewertung der Zielerreichung mit ihrer Unterschrift bestätigen, nicht aber ihr Einverständnis. Es könnte beispielsweise in diesem Sinne formuliert werden:

»Mit der Unterschrift der Mitarbeiterin/des Mitarbeiters wird die Zielfestlegung zur Kenntnis genommen. Ein Anerkenntnis ist damit nicht unbedingt verbunden.«

Oder man übernimmt die folgende Regelung aus einer Betriebsvereinbarung zur Personalbeurteilung in einem Stahlunternehmen:

»Vorhandene Auffassungsunterschiede werden durch die Unterschriften nicht aufgehoben.«

Günstig ist auch eine Regelung, wonach die Mitarbeiter/innen nicht sofort nach Beendigung des Gesprächs ihre Unterschrift leisten müssen, sondern eine gewisse Zeit zum Überdenken eingeräumt bekommen. So ist z.B. bei einer Versicherung geregelt, daß mindestens eine und höchstens zwei Wochen seit Führen des Mitarbeitergesprächs vergangen sein sollen, bevor unterschrieben wird.

Verfahren zur Zielkorrektur

Wegen des starken Einflusses von Situationen und dem immer wieder möglichen Eintritt unvorhergesehener Ereignisse, die den Zielerreichungsgrad ohne Zutun und Verschulden der Mitarbeiterin/des Mitarbeiters beeinflussen, muß das System auch ein Verfahren zur *Zielkorrektur* beinhalten (vgl. Becker 1994, S. 244ff. u. 274). Auf Initiative der

Mitarbeiterin/des Mitarbeiters bzw. der Gruppe muß auch während der laufenden Zielperiode eine Prüfung erfolgen können, ob veränderte Zielfestlegungen oder eine Verschiebung von Prioritäten erfolgen sollen. Knicker (1996, S. 463) schlägt sogar regelmäßige vierteljährliche Ziel-Checkups vor. Die Ergebnisse einer solchen zwischenzeitlichen Verständigung sind in geeigneter Form festzuhalten, notfalls durch das völlig neue Ausfüllen eines Bogens.

Ständige Informationsansprüche

Zur Stärkung der Selbständigkeit der Mitarbeiter/innen oder der Teams und zur Gewährleistung der Selbstkontrolle während der laufenden Zielperiode benötigen die Mitarbeiter/innen *laufend fundierte Informationen*, damit sie insbesondere bei den quantitativen Größen jederzeit leicht erkennen können, wo sie stehen (vgl. auch Bühner 1996, S. 139). Insofern müssen für ein funktionierendes zielorientiertes Führungskonzept auch Informations-Monopolisierungen bei den Führungskräften ad acta gelegt werden, da andernfalls tragende Grundsätze dieser Idee ausgehöhlt werden.

Überprüfung der Zielerreichung/Soll/Ist-Vergleich

Wie schon in Abschnitt 2.3 dargelegt, ist der Soll/Ist-Vergleich zum Zwecke der Prüfung der Zielerreichung eines der Kernelemente zielorientierter Führungs- und Entlohnungskonzepte. Er ist auch dann für das Funktionieren des gesamten Systems erforderlich, wenn es »nur« um ein Führungskonzept ohne Entlohnungsrelevanz geht. Der Soll/Ist-Vergleich findet in der Regel nach Ablauf eines Jahres statt (aber auch andere Laufzeiten!). Bei einem etablierten, bereits über mehrere Perioden laufenden Zielvereinbarungs-Konzept können das Gespräch zur Überprüfung der Zielerreichung und zur erneuten Zielvereinbarung für die anstehende Periode zusammenfallen.

Auch bei vermeintlich noch so klaren Überprüfungskriterien, erst recht bei einer Beurteilung durch Vorgesetzte, kommt es immer wieder zu *Unstimmigkeiten* bei der Festlegung der Zielerreichungsgrade (vgl. Hlawaty/Hlawaty 1998, S. 97):

»Meinungsverschiedenheiten können bei Zielvereinbarungen schnell auftreten. Zu Konflikten führen sie vor allem dann, wenn es um die Bewertung und Beurteilung geht. Besonders konfliktträchtig ist die leistungsentgeltabhängige Bewertung. Selbst genaueste Meßgrößen stellen vielfach nur eine Scheinobjektivität dar, und personen- und verhaltensbedingte Beurteilungen sind immer auch eine Frage der subjektiven Sichtweise, die sehr unterschiedlich sein kann« (ebenda, S. 119).

Wegen ihrer Brisanz sind für diese zentrale Komponente von Zielvereinbarungsmodellen *klare Spielregeln* erforderlich.

Wichtig ist, daß sich – wie schon bei der Zielvereinbarung – beide Parteien unabhängig voneinander vorbereiten können. Den Mitarbeiter/innen sind alle Daten und Informationen, die zur Überprüfung der Zielerreichung verwendet werden, im vorhinein zugänglich zu machen (vgl. auch Gewerkschaft HBV 1998, S. 6).

Auch die Ergebnisse der Prüfung der Zielerreichung sind schriftlich zu dokumentieren. Dabei soll der Zielerreichungs-Grad anhand klarer Kriterien und Indikatoren (die vorher festgelegt wurden!) möglichst einvernehmlich festgestellt werden. Gelingt dies nicht, sind die unterschiedlichen Auffassungen im Bogen zu vermerken. Der Mitarbeiterin/dem Mitarbeiter steht es dann frei, die Konfliktlösung (z.B. im paritätischen Gremium) anzurufen (vgl. oben). Diese Möglichkeit muß natürlich auch und besonders für die Fälle bestehen, in denen der Soll/Ist-Vergleich auf einer Ermessenseinschätzung der/des Vorgesetzten fußt.

Bei der Prüfung der Zielerreichung kommt es – besonders im Falle der Zielverfehlung – zentral darauf an, die *Rahmenbedingungen und Umstände* mit einzubeziehen – insbesondere dann, wenn sie von den Mitarbeiter/innen nicht oder nur begrenzt beeinflußt werden konnten. So können z.B. Einflüsse wie geänderte Marktsituationen, Einbeziehung in Projekten, Abordnungen, Unterschreitung der Soll-Stellenpläne dazu führen, daß die Ziele gar nicht erreicht werden *konnten.* Die Abweichungsanalyse, die personen- bzw. teambezogen und situationsbezogen zu erfolgen hat (vgl. schon Abschnitt 2.3), ermöglicht zumeist wichtige Folgerungen für kommende Zielvereinbarungen sowie für Folgemaßnahmen (z.B. Personalentwicklung). Dabei ist aber zur Gewährleistung einer möglichst angstfreien Atmosphäre ein Ausschluß von für die Mitarbeiter/innen nachteiligen Konsequenzen erforderlich (vgl. unten).

Regelungen zur Abrechnung bei Entgeltbezug

Bei Zielvereinbarungen mit Entgeltbezug ist es meines Erachtens wichtig, daß die Verknüpfung von Zielerreichungsgraden und Entgelt so klar und für die Betroffenen transparent wie möglich ist.[62] Idealerweise steht sie bereits am Anfang der Zielvereinbarungsperiode fest. Bei Zielvereinbarungen mit einzelnen Mitarbeiter/innen ergibt sich der leistungsbezogene Entgeltteil aus der Verknüpfung von Bewertungs- und Zielerreichungsstufen (in der Regel in Prozent). Er wird zumeist als *Jahresbonus oder -prämie* berechnet und ausgezahlt. Nach einer Empfehlung der Gewerkschaft HBV sollte der Leistungsbonus in einer Bandbreite von mindestens fünf bis höchstens zehn Prozent des Jahres-Grundentgelts liegen.[63]

Im industriellen Bereich bei geringeren Ziellaufzeiten sind die Auszahlungszeitpunkte entsprechend kürzer getaktet, etwa viertel- oder halbjährlich (vgl. z.B. Eyer 1994b; Eberhardt 1994).

Der Mindestbonus soll verhindern, daß sich allzu viele Mitarbeiter/innen als Verlierer fühlen; das Einziehen von Höchstgrenzen ist – wie bereits an anderer Stelle erwähnt – vor allem wichtig, um für die Beschäftigten Belastungsgrenzen zu markieren und ein Antreiben über diese Grenzen hinaus aufzufangen.

Probleme tauchen ferner bei Auszahlung der Leistungsboni oder -prämien auf, wenn die Zielvereinbarungen mit einem Team geschlossen worden sind. Es müssen nämlich Regelungen für die Verteilung des gruppenbezogenen Mehrverdienstes auf die einzelnen Mitglieder gefunden werden. Viele Tarifverträge (besonders in der Metallindustrie) sehen dafür drei Möglichkeiten vor (vgl. Eyer 1994a, S. 106; Herlitzius 1995, S. 48f.):

- in gleichem Verhältnis (nach geleisteter Stundenzahl);
- in ungleichem Verhältnis (etwa nach Maßgabe der Eingruppierung der/des Einzelnen und der geleisteten Stundenzahl);
- nach einem Verteilungsschlüssel, den die Mitarbeiter/innen unter sich festlegen (z.B. als Ergebnis einer individuellen Leistungsbeurteilung).

---

62 Vgl. bereits oben unter »Folgen der Zielerreichung«.

63 Diese Empfehlung entstammt einem mir vorliegenden, bislang aber nicht veröffentlichten Tarifvertragsentwurf der HBV zur erfolgs- bzw. leistungsorientierten Vergütung.

Die Betriebsparteien sind in diesen Tarifverträgen gehalten, eine der Möglichkeiten auszuwählen und per Betriebsvereinbarung zu regeln.

Die *gleichmäßige Verteilung* reduziert die Möglichkeit des Aufbrechens offener Konflikte, führt aber eventuell bei den »Leistungsträgern« zu Unzufriedenheit. Zudem legen bestimmte Arten von Gruppenprämien, die den einzelnen Mitarbeiter/innen weder meßtechnisch noch über einen Beurteilungsvorgang sinnvollerweise persönlich zugerechnet werden können (z.B. Prämien aufgrund von Energieersparnis-Zielen), eine Aufteilung zu gleichen Teilen nahe (vgl. Böhrs 1980, S. 281f.).

Erwägenswert im Sinne der Förderung des Gruppengedankens erscheint vordergründig die autonome Festlegung eines Verteilungsschlüssels durch die Teammitglieder. Ein solcher Modus erscheint konsequent gruppenorientiert, aber auch hinsichtlich der offenen Konkurrenzsituation, des drohenden Ausbruchs von Konflikten und der denkbaren Benachteilung Leistungsschwächerer nicht unproblematisch. Um zu verhindern, daß die leistungsstärksten Gruppenmitglieder den Mehrverdienst allein unter sich aufteilen, sollte daher auf die Einführung dieser Form verzichtet werden.

Nachteilsausschluß

Wie mehrfach erläutert, bedürfen Zielvereinbarungs-Konzepte einer weitestgehenden Angstfreiheit. Das Nichterreichen von Zielen darf keinen Einfluß auf die Rechte und Pflichten aus dem Arbeitsvertrag haben und damit keine negativen arbeitsrechtlichen Konsequenzen wie Abmahnung, Abgruppierung, unfreiwillige Versetzung, Kündigung oder dergleichen nach sich ziehen (vgl. auch Tondorf 1998b, S. 325). Die Rechtsbeziehungen des Arbeitsverhältnisses sollten durch die Zielvereinbarung nicht berührt werden, »da in der Zielvereinbarung nur besondere Leistungen vereinbart werden« (ebenda, S. 326).

Dies wird z.B. in der folgenden Passage aus der »Mitarbeiter-Information« über das Zielvereinbarungs-Modell eines Sozialversicherungsträgers mustergültig klargestellt:

»Dennoch kann es vorkommen, daß einzelne Ziele nicht erreicht werden. Das ist etwas ganz Normales. Selbstverständlich sind in einem solchen Fall keine arbeitsrechtlichen Konsequenzen zu befürchten. Gegenstand des Beurteilungsgespräches ist es dann, über die Ursachen zu sprechen und diese auszuräumen.«

Datenablage/Datenschutz

Hinsichtlich der Datenablage und des Datenschutzes empfiehlt sich eine Regelung der folgenden Art. Sämtliche Bögen und Dokumente werden im Original in der Personalakte abgelegt, jedoch nur für eine begrenzte Dauer (z.B. drei Jahre). Ältere Unterlagen sind zwingend herauszunehmen und zu vernichten. Alle Unterlagen sind streng vertraulich, sollten nur der Führungskraft und Mitarbeiter/in bzw. dem Team bekannt sein. Beide Parteien erhalten je eine Kopie der aktuellen Zielvereinbarung. Die Vorgesetzten sind verpflichtet, ihre Kopien nicht mehr aktueller Bögen und Dokumente an die betreffenden Mitarbeiter/innen zurückzugeben bzw. sie nachvollziehbar zu vernichten. Keinesfalls darf eine zweite Personalakte sozusagen im Schreibtisch der/des Vorgesetzten entstehen.

Ferner sollte die EDV-mäßige Datenerfassung und -verarbeitung entweder ganz ausgeschlossen[64] oder ersatzweise exakt geregelt werden. Bei Entlohnungsbezug wird sich die EDV-mäßige Speicherung der individuellen Kennziffern kaum vermeiden lassen. Für diesen Fall sollte das Mitbestimmungsrecht des Betriebs- bzw. Personalrats bei den zugrundeliegenden Programmen (etwa nach § 87 Abs. 1 Nr. 6 BetrVG) genutzt werden, um sie auf das aus Gründen der Gehaltsermittlung und -auszahlung unumgängliche Maß zu begrenzen. In diesem Sinne könnte dann beispielsweise folgendes geregelt werden (vgl. Gewerkschaft HBV 1998, S. 16):

- Genaue und abschließende Benennung der Daten, die im Zusammenhang mit dem Zielvereinbarungs-Verfahren erfaßt werden dürfen (z.B. Name, Personalnummer, vereinbarte Ziele, relevante Daten hinsichtlich der Zielerreichungsgrade).
- Exakte Verarbeitungsregeln hinsichtlich der zu erfassenden Daten (z.B. Aufaddierung von Umsatzzahlen, Errechnen von Reklamationsquoten oder dergleichen).
- Verwertungsverbot, d.h. die erfaßten bzw. errechneten Daten dürfen zu keinen anderen Zwecken als zum Vollzug des Zielvereinbarungs-Verfahrens verwendet werden (z.B. Ermittlung der Leistungszulage). Insbesondere dürfen die Daten nicht zu einer individuellen, EDV-gestützten Leistungs- und Verhaltenskontrolle verwendet werden.

64 Es handelt sich ohne Frage um hochsensible personenbezogene Daten.

- Regelungen zum Zugriffsschutz, d.h. genaue Festlegung des zugriffsberechtigten Personenkreises.
- Regelungen zur Löschung der erfaßten bzw. errechneten Daten (z.B. Vernichtung nach drei Jahren).

Wahlrecht für ältere Arbeitnehmer/innen

Denkbar ist die Festlegung der Möglichkeit für Mitarbeiter/innen, ab einer gewissen Altersstufe (z.B. 53), auf ihren Wunsch hin an dem Zielvereinbarungs-System nicht (mehr) teilzunehmen. Im Entlohnungszusammenhang macht dies jedoch nur dann Sinn, wenn die Betreffenden in diesem Fall keine Gehaltseinbußen zu erwarten haben. Es läßt sich dann regeln, daß z.B. das erreichte Zulagenniveau beibehalten wird oder den Mitarbeiter/innen die durchschnittlich erreichte Vergütung zusteht (Gewerkschaft HBV 1998, S. 8).

Schulung

Alle Beteiligten, sowohl die Vorgesetzten als auch die beteiligten Mitarbeiter/innen, sollten einen Anspruch auf Qualifizierungsmaßnahmen zum Erlernen von Techniken und Methoden der kooperativen Zielfindung im Dialog erhalten (vgl. auch Tondorf 1998a, S. 390; Schau 1998, S. 69f.). Neben der Vermittlung von Verfahrenskenntnissen und Zielfindungstechniken muß ein Schulungsschwerpunkt auf den kommunikativen und sozialen Handlungskompetenzen zur Gewährleistung eines kooperativen Dialogs gelegt werden. Alles spricht dafür, für die Vorgesetzten entsprechende Schulungen obligatorisch zu machen, während sie für die Mitarbeiter/innen ohne Vorgesetztenrolle als freiwilliges Angebot im Raum stehen. Training und andere Qualifizierungsmaßnahmen für die Beschäftigten erscheinen deswegen besonders angezeigt, weil viele bislang nur mit fremdbestimmten Zielen (Zielvorgaben) konfrontiert waren und sich nunmehr selbstbewußt in einen Vereinbarungsprozeß einbringen sollen (vgl. z.B. Hlawaty/Hlawaty 1998, S. 96). Für viele wird, wenn das Verfahren funktionieren soll, eine Unterstützung für das Umlernen unabdingbar sein.

Selbstverständlich gelten die Schulungsangebote auch für die Betriebsrats- bzw. Personalrats-Mitglieder. Art und Umfang der Maßnahmen sind einvernehmlich mit der Interessenvertretung zu regeln (vgl. z.B. § 98 BetrVG). Die Schulungen finden während der betriebsüblichen Arbeitszeit statt.

Auf Wunsch Hinzuziehung eines Mitglieds des Betriebs- bzw. Personalrats

Schließlich sollte es ein verbrieftes Recht der Mitarbeiter/innen bzw. der Teams geben, auf ihren Wunsch hin ein Mitglied des Betriebs- bzw. Personalrats zum Zielvereinbarungsgespräch wie auch zum Soll/Ist-Vergleich hinzuziehen zu können. Diese Chance, die im übrigen der Intention des § 82 Abs. 2 BetrVG entspricht, sollte vor allem denen geboten werden, die sich aufgrund rhetorisch-argumentativer Unterlegenheit und/oder fehlender Machtgrundlagen gegenüber der/dem Vorgesetzten benachteiligt fühlen. Das Recht der Einbeziehung der Interessenvertretung sollte auch die Einsichtsmöglichkeit in alle relevanten Unterlagen und Informationsquellen umfassen.

Rechte des Betriebs- bzw. Personalrats

Der Betriebs- bzw. Personalrat ist gleichberechtigt mit dem Arbeitgeber an der Gestaltung und Abwicklung des Zielvereinbarungs-Verfahrens zu beteiligen. Am besten läßt sich dieser Anspruch mit dem Abschluß einer Betriebs- bzw. Dienstvereinbarung zur Regelung aller Aktivitäten und Modalitäten sowie mit der Einrichtung eines paritätisch mit Vertreter/innen des Arbeitgebers und der Interessenvertretung der Beschäftigten besetzten Gremiums zur einvernehmlichen Klärung aller Einzelfragen gewährleisten.[65]

Darüber hinaus können folgende Rechte für den Betriebs- bzw. Personalrat verankert werden:

- Der Betriebs-/Personalrat wird über alle relevanten Ziele (Unternehmensziele, Bereichsziele usw.) rechtzeitig und umfassend informiert.
- Auf Wunsch der Mitarbeiterin/des Mitarbeiters bzw. des Teams nimmt ein Mitglied der Interessenvertretung an allen einschlägigen

65 Vgl. schon oben unter »Zentrale Steuerung der Zielvereinbarungs-Bereiche«.

Aktivitäten (z.B. Zielvereinbarungsgespräch, Soll/Ist-Vergleich) teil (siehe oben).

- Im Konfliktfall erhält der Betriebs-/Personalrat auf Wunsch der Betroffenen alle relevanten Unterlagen zur Einsicht.
- Der Betriebs-/Personalrat erhält das Einsichtsrecht in alle EDV-technisch gespeicherten und verarbeiteten Daten.
- Er hat einen Informationsanspruch über sämtliche Aspekte, die mit dem Entgeltvolumen und seiner Verteilung zu tun haben (z.B. Höhe, Verteilung und Auszahlung von Leistungsprämien oder -boni).

7. Regelungsbeispiele

Die vorangestellten Ausführungen zur Gestaltung von Zielvereinbarungs-Konzepten sollen in diesem Kapitel an bereits abgeschlossenen Vereinbarungen konkretisiert und an Beispielen erläutert werden. Dabei sind die Schwerpunkte und Funktionen der Zielvereinbarungen sehr unterschiedlich. Nachfolgend finden sich Teilregelungen aus umfassenderen Vereinbarungen zu Führungs- und Beurteilungskonzepten mit Zielvereinbarungs-Komponente, aber auch sehr spezifische Systeme, bei denen der Steuerungs- und/oder Entlohnungsaspekt im Vordergrund steht.

7.1 Regelungen zur Zielvereinbarung im Rahmen allgemeiner Vereinbarungen zur Personalbeurteilung/zu Mitarbeitergesprächen

Die Präsentation von Regelungsbeispielen startet mit einer ganzen Sammlung einschlägiger, zielvereinbarungsbezogener Normen aus allgemeinen Betriebs- bzw. Dienstvereinbarungen zu Personalbeurteilungsverfahren, Mitarbeiter-, Fördergesprächen oder dergleichen. Gemeinsames Kennzeichen ist, daß das Instrument der Zielvereinbarung zu Führungs-, Kommunikations- und Förderungszwecken funktionalisiert wird. Eine Verwendung zu »härteren« Zwecken wie Steuerung im Controlling-Zusammenhang sowie die Ableitung leistungsorientierter Vergütungskomponenten aus dem Grad der Zielerreichung erfolgt in diesen Beispielen (noch) nicht. Es ist aber bekannt, daß diese »weicheren« Anwendungen oft als Experimentierfeld für einen perspektivisch vorgesehenen Übergang zu Modellen mit »harten« Zwecksetzungen gesehen wird.

Beispiel 1
»Während des ›Mitarbeiterentwicklungsgespräches‹ einigen sich Mitarbeiter und Führungsverantwortlicher auf ca. 3–5 Arbeitsziele, 1–2 Neuerungsziele und leiten daraus die erforderlichen Weiterbildungs- und Entwicklungsziele ab …

Die Ziele werden so konkret vereinbart, daß der Mitarbeiter deren Erfüllung schrittweise selbst überwachen kann. Zusätzlich wird vereinbart, bei welcher Abweichung der Mitarbeiter den Führungsverantwortlichen informieren muß. Außergewöhnliche Ereignisse können zu gemeinsamen Korrekturen führen oder zu neuen Zielvereinbarungen.

Die Zielerreichung bewerten der Führungsverantwortliche und der Mitarbeiter gemeinsam zum vereinbarten Termin.«[66]

Beispiel 2

»Jeder Mitarbeiter hat Aufgaben zu erfüllen, die ihm klar und eindeutig über Stellenbeschreibungen und das Mitarbeitergespräch zugeordnet werden. Solche Aufgaben werden dadurch zu Zielen, daß sie

- an objektiv meßbaren Kriterien (Mengen, Zahlen oder Prozentsätze) und/oder
- an Termine und/oder
- an bewertbare Kriterien qualitativer Art (z.B. Abbau definierter Defizite)

gebunden werden.

Ziele und Zielerreichung sind besonders motivierend. Deshalb sind Führungskräfte und Mitarbeiter verpflichtet, möglichst viele Aufgaben als Ziele in dem oben beschriebenen Sinne zu formulieren.

Die Mitarbeiter sind an der Planung ihrer persönlichen Aufgaben und Ziele im Rahmen der Unternehmensziele zu beteiligen. Die Mitarbeiter müssen deshalb die Aufgaben und Ziele aus der Vorplanung der übergeordneten organisatorischen Einheit spätestens zwei Wochen vor dem Mitarbeitergespräch erfahren. Auf dieser Grundlage formulieren die Mitarbeiter eigene Vorstellungen ihrer künftigen Aufgaben und Ziele und legen sie spätestens eine Woche vor dem Gespräch ihrer Führungskraft schriftlich vor. Auf diese Weise können Aufgaben bzw. Ziele im Rahmen des Mitarbeitergesprächs vorläufig verabschiedet werden. Ggfs. erfolgt eine Anpassung in einem weiteren Gespräch zu Beginn des Jahres, nachdem der Vorstand die Planung endgültig verabschiedet hat.«[67]

Beispiel 3

»Das Fördergespräch dient

- der Förderung und Entwicklung der Mitarbeiterinnen und Mitarbeiter,
- der Erhaltung bzw. Steigerung der Arbeitsergebnisse hinsichtlich der Qualität und Quantität,

---

66 Regelung aus den Führungsgrundsätzen eines Einzelhandels-Unternehmens.

67 Aus den »Spielregeln für den Umgang mit dem Mitarbeitergespräch« aus einer Bank.

- der Verbesserung der Arbeitsbeziehungen zwischen Mitarbeiterinnen bzw. Mitarbeitern und deren Vorgesetzten,
- dem Erkennen möglicher Kandidatinnen und Kandidaten für ein Potentialeinschätzungsverfahren.

Das Fördergespräch dient nicht der Gehaltsfindung.

Das Fördergespräch darf sich nicht auf die Festlegung oder Feststellung von Quantität beschränken. Es darf nicht zur Festlegung individueller Stückbearbeitungszahlen führen, die den für die einzelnen Mitarbeiterinnen und Mitarbeiter der jeweiligen Organisationseinheiteinheit festgelegten allgemeinen Mittelwert – soweit ein solcher vorhanden ist – überschreiten.

Verkaufsziele (Stückzahlen) dürfen mit Mitarbeiterinnen und Mitarbeitern nicht vereinbart werden. Ausgenommen sind Führungsverantwortliche, Beauftragte für die Betreuung der Vertrauensmann-Organisation (VMB) und die mobilen Kundenberater/-innen (Mobi).

Eine Benachteiligung von Mitarbeiterinnen und Mitarbeitern im Sinne des § 75 BetrVG ist auszuschließen.

Die im Fördergespräch vereinbarten Aufgaben/Ziele dürfen nicht zu einer Überforderung der Mitarbeiterinnen und Mitarbeiter führen.

Allein aus den Ergebnissen des Fördergesprächs dürfen keine arbeitsrechtlichen Konsequenzen abgeleitet werden.

Voraussetzung zur Durchführung des Fördergesprächs ist, daß die Mitarbeiterinnen und Mitarbeiter über die Unternehmensziele regelmäßig informiert werden. Nach Abschluß der jährlichen Unternehmensplanung informieren daher die Vorgesetzten – entsprechend den Führungsgrundsätzen – die Mitarbeiterinnen und Mitarbeiter über die aus den Unternehmenszielen abgeleiteten Ziele für die Organisationseinheit. Die wesentlichen Ergebnisse werden schriftlich festgehalten und den Mitarbeiterinnen und Mitarbeitern ausgehändigt.

...

Zu Beginn einer Arbeitsperiode ... werden zwischen Mitarbeiterinnen bzw. Mitarbeitern und direkten Vorgesetzten (nicht Abwesenheitsvertretern/-innen) die individuellen Aufgaben, die individuellen Arbeits- und Entwicklungsziele, der Beurteilungsmaßstab, die hierfür notwendigen Rahmenbedingungen und die erforderlichen Qualifikationen vereinbart. Bei Mitarbeiterinnen bzw. Mitarbeitern ohne Führungsverantwortung kann auf Wunsch auf die Vereinbarung individueller Arbeits- und Entwicklungsziele verzichtet werden. Vor jedem Fördergespräch kann diese Entscheidung neu getroffen werden.

Im Laufe einer Arbeitsperiode können Veränderungen von Rahmenbedingungen und/oder sonstige Ereignisse eintreten. Sowohl Mitarbeiterinnen und Mitarbeiter als auch deren Vorgesetzte haben dann das Recht, im gemeinsamen Gespräch die Ursachen von Abweichungen zu ermitteln und ggf. Korrekturen vorzunehmen. Unabhängig davon sollen die Vorgesetzten und ihre Mitarbeiterinnen und Mitarbeiter im ständigen Dialog bleiben

...

Ist das Ergebnis der vorangegangenen Gespräche für die Mitarbeiterinnen bzw. Mitarbeiter nicht zufriedenstellend, haben sie das Recht auf ein Gespräch mit den direkten Vorgesetzten und den nächsthöheren Vorgesetzten einerseits sowie Betriebsratsmitgliedern ihres Vertrauens andererseits.

Mitarbeiterinnen und Mitarbeiter haben das Recht, die Kommission (vgl. unten, T.B.) anzurufen, sofern sie Formalien oder objektive Kriterien des Verfahrens verletzt sehen.

Die Feststellungen der Kommission werden schriftlich niedergelegt und den Betroffenen zur Verfügung gestellt. Stellt die Kommission fest, daß Formalien oder objektive Kriterien des Verfahrens verletzt wurden, fordert sie die Betroffenen auf, Abhilfe zu schaffen.

Mitarbeiterinnen und Mitarbeiter, die die Konfliktregelung in Anspruch nehmen, werden nicht benachteiligt.

Es wird eine gemeinsame Kommission eingerichtet. Diese ist paritätisch besetzt. Sie besteht aus je drei Vertreterinnen bzw. Vertretern der Geschäftsleitung und des Betriebsrates. Letztere werden vom Gesamtbetriebsrat benannt.

Bei der Behandlung von Eingaben (vgl. oben, T.B.) sind je eine Vertreterin bzw. ein Vertreter der betroffenen Organisationseinheit und des zuständigen Betriebsrats beratend hinzuzuziehen.

Die Kommission hat folgende Aufgaben:

- Begleitung der Einführung und Umsetzung des Fördergespräches,
- laufende Überprüfung der Beurteilungsgrundsätze und des Verfahrens,
- Prüfung der Einhaltung der in dieser Betriebsvereinbarung geregelten Formalien und objektiven Kriterien des Verfahrens aufgrund von Eingaben ...

Die Kommission gibt sich vor Aufnahme ihrer Tätigkeit eine Geschäftsordnung.

Alle Beteiligten werden in die Handhabung des Fördergespräches gründlich eingewiesen. Die Rechte des Gesamtbetriebsrates bzw. der örtlichen Betriebsräte gem. § 98 BetrVG bleiben hiervon unberührt.

Inhalte und Ergebnisse von Fördergesprächen werden weder DV-unterstützt gespeichert noch ausgewertet« (Versicherung).

Beispiel 4
»Die Vorgabe der Zielsetzung und Standards orientiert sich an den Stellenbeschreibungen bzw. dem definierten Arbeitsbereich. Gehen die Zielsetzungen aus Sicht des Mitarbeiters über den Rahmen des Arbeitsbereiches hinaus, so hat er die Möglichkeit, den Personalbereich, den nächsthöheren Vorgesetzten und den örtlichen BR anzusprechen, um eine Klärung herbeizuführen.

Generell erfolgt eine Plausibilitätskontrolle durch den jeweils nächsthöheren Vorgesetzten, der die Zielvorgabe nach dem Gespräch zwischen dem direkten Vorgesetzten und dem Mitarbeiter gegenzeichnen muß« (Kopiergeräte-Hersteller).

Beispiel 5
»Anhand der Anforderungen der Position, wie sie in der Positionsbeschreibung spezifiziert sind, werden Hauptverantwortung und Hauptaufgaben klargestellt, die konkreten Arbeitsziele besprochen und für die kommende Periode nach gemeinsamer Diskussion im Benehmen mit dem Mitarbeiter vom Vorgesetzten festgelegt.

Diese Arbeitsziele orientieren sich an den Anforderungen der Position – auch an den kundenbezogenen … – sowie an den Hauptzielen der jeweils übergeordneten Organisation. Sie müssen realistisch sein. Außerdem sind die wesentlichen geschäfts- als auch positionsbezogenen Rahmenbedingungen zu betrachten. Gegebenenfalls werden die Arbeitsziele und Rahmenbedingungen aktualisiert und die Änderungen zu Beginn des nächsten Gesprächs über den Leistungsbeitrag festgehalten.

Eine formale Festlegung von Zielen erfolgt nicht für die Mitarbeiter der Entgeltgruppen E9 und E10« (Chemieunternehmen).

Beispiel 6

»5. Ziel- und Aufgabenvereinbarung (Ziffer 1. des Bogens)

5.1 Vorgesetzter und Mitarbeiter erarbeiten gemeinsam die wichtigsten Arbeitsziele und Aufgaben, die der Mitarbeiter in der bevorstehenden Beurteilungsperiode erreichen bzw. erfüllen sollte. Die Arbeitsziele und Aufgaben können aus den Unternehmenszielen und der innerbetrieblichen Entwicklung der (Name des Unternehmens), über die nach Abschluß der Planungsphase informiert wird, aus den Abteilungszielen, aus der Stellenbeschreibung bzw. der tariflichen Tätigkeitsbeschreibung abgeleitet werden.

Ohne Ziel kann es keine Leistungsbeurteilung geben. Sie sind die Richtschnur, an der sich Mitarbeiter und Vorgesetzter orientieren. Aufgrund der Ziele weiß jeder Mitarbeiter, was von ihm erwartet und nach welchen Maßstäben seine Leistung gemessen wird.

5.2 Der Vorgesetzte formuliert nach seinen Planungen die wichtigsten Arbeitsziele und Aufgaben. Außerdem händigt der Vorgesetzte mindestens eine Woche vor dem Zielvereinbarungsgespräch den Bogen ›Mitarbeitergespräch, Ziele – Beurteilung – Förderung‹ aus und bittet den Mitarbeiter, bis zum Gesprächstermin Anregungen und Vorschläge für seine eigenen Arbeitsziele und Aufgaben aufzuschreiben. In dem Gespräch werden dann gemeinsam die Ziele und Aufgaben vereinbart.

5.3 Nach der gemeinsamen Erarbeitung werden vom Vorgesetzten im Zielvereinbarungsbogen die wichtigen Arbeitsziele und Aufgaben (drei bis sieben Ziele/Aufgaben) so konkret wie möglich mit Terminangabe aufgelistet.

5.4 Die Ziele/Aufgaben werden gemeinsam mit dem Rang ihrer relativen Bedeutung gekennzeichnet (höchste Bedeutung = 1). Dabei können auch mehrere Ziele denselben Rang erhalten.

5.5 Der Mitarbeiter erhält eine Kopie des vollständigen Bogens.

5.6 Kommt in dem Gespräch über die Ziel- und Aufgabenvereinbarung keine Einigung zustande, so kann der Mitarbeiter den nächsthöheren Vorgesetzten einschalten. An diesem Gespräch mit dem nächsthöheren Vorgesetzten nimmt auf Wunsch des Mitarbeiters ein zur Beurteilung der offenen Punkte befähigter Kollege und ggf. der Personalleiter teil. Das Direktionsrecht des Arbeitgebers wird hierdurch nicht eingeschränkt. Aufgrund des Direktionsrechtes entscheidet der Vorgesetzte, wenn in diesem zweiten Gespräch kein Einvernehmen erzielt wird« (Rechenzentrale einer Bankengruppe).

Beispiel 7
»Im Mitarbeitergespräch werden folgende Inhalte behandelt:

Zielüberprüfung
Es wird erörtert, ob und wie die Arbeitsziele der vergangenen Periode quantitativ und qualitativ erreicht wurden, ob Abweichungen vorliegen und worauf diese zurückzuführen sind.

Die Arbeitsergebnisse des Mitarbeiters werden gewürdigt und die Qualität der Zusammenarbeit wird besprochen. Verbesserungsmöglichkeiten sollen aufgezeigt werden.

Zielvereinbarung
Es werden Arbeitsziele, Aufgaben, Verantwortlichkeiten und der Kompetenzrahmen sowie die strategischen und operativen Maßnahmen festgelegt.

Mitarbeiterförderung
Es wird geklärt, inwieweit die Aufgaben, Arbeitsziele und Verantwortlichkeiten den Neigungen und Fähigkeiten des Mitarbeiters entsprechen und in seine Zielvorstellungen eingeordnet werden können« (Stahlunternehmen).

Beispiel 8
»Soweit für Führungskräfte Einzelaufgaben/Ziele vereinbart werden, erfolgt in der Regel nach einem Jahr im Mitarbeitergespräch eine Analyse der Ergebnisse und der Abweichungen. Dabei ist auch zu ermitteln, inwieweit Abweichungen von Zielvereinbarungen Ursachen hatten, die vom Mitarbeiter nicht beeinflußbar waren« (Mischkonzern).

Beispiel 9
»Soweit das Aufgabengebiet eines anderen Mitarbeiters berührt wird, ist eine entsprechende Vereinbarung mit diesem Mitarbeiter zu treffen« (Mischkonzern).

Beispiel 10
»Die Gespräche zur Zielvereinbarung sind in der Regel im Dezember zu beginnen und bis Ende Februar des Folgejahres abzuschließen. Die Aussprache über die Beurteilung des Mitarbeiters für den vorangegangenen Beurteilungszeitraum kann Teil eines Gesprächs sein oder davor in einem gesonderten Gespräch stattfinden. Wechseln Mitarbeiter zwi-

schenzeitlich ihren Arbeitsplatz oder beenden ihre Ausbildung, sind diese Gespräche im Zusammenhang mit der Beendigung der bisherigen bzw. dem Beginn der neuen Tätigkeit zu führen. Für die Probezeit sind keine Ziele zu vereinbaren.

Aufgabe der jeweiligen Führungskraft ist es, das Gespräch zur Zielvereinbarung zu nutzen, um Übereinstimmung zu erzielen, was der Mitarbeiter zu leisten hat, um die Unternehmensziele zu erreichen und wie dies erreicht wird. Für die Dokumentation der vereinbarten Ziele ist das Formular ›Zielvereinbarung‹ zu nutzen (vgl. Anlage 2).

Die Zielvereinbarung verbleibt in der Geschäftstelle bzw. Abteilung/Sachgebiet. Eine Kopie wird dem betreffenden Mitarbeiter ausgehändigt. Der nächsthöhere Vorgesetzte nimmt die Zielvereinbarung zur Kenntnis. Alle während des Bearbeitungszeitraumes notwendigen Änderungen und Beobachtungen im Prozeß der Verwirklichung der Ziele sind mit dem Mitarbeiter zu besprechen. Darüber sind Notizen anzufertigen, die jederzeit durch den Mitarbeiter eingesehen werden können ...

Sofern über die Ziele und die Bewertung der Leistungen und des Verhaltens in der Beurteilung keine Übereinstimmung erzielt wird, ist der nächsthöhere Vorgesetzte und auf Wunsch des Mitarbeiters ein Vertreter des Örtlichen Personalrates hinzuzuziehen. Wenn auch dann keine Einigung möglich ist, hat der Mitarbeiter das Recht, sich an die Schlichtungsstelle bei der Hauptverwaltung zu wenden. Die Schlichtungsstelle wird durch den Geschäftsführer bzw. einen Beauftragten und den Vertreter des Hauptpersonalrates gebildet. Die Beteiligten sind anzuhören« (Sozialversicherungsträger).

Beispiel 11

»Die Zielvereinbarung zwischen Vorgesetztem und Mitarbeiter/-in hat folgende Inhalte:

1. Unter Einbeziehung der Unternehmensziele werden die Ziele des Mitarbeiters/der Mitarbeiterin und der Führungskraft für den kommenden Zeitabschnitt besprochen. Die Rahmenbedingungen werden miteinbezogen und mögliche unterstützende Maßnahmen festgelegt.
2. Besprochen werden auch Perspektiven des Mitarbeiters/der Mitarbeiterin, soweit im Rahmen der Personalentwicklung – in Abstimmung mit der Personalabteilung – hierzu Aussagen getroffen werden können.
3. Abstimmungstermine werden vereinbart.
4. Vereinbarte Ziele werden niedergeschrieben.

5. Das Schriftstück verbleibt beim Vorgesetzten und in Kopie bei dem/der Mitarbeiter/-in. Ansonsten wird dieses Schriftstück keiner dritten Stelle zugänglich gemacht. Von der Qualität her handelt es sich bei dieser Vereinbarung um eine vertrauliche Verschlußsache.

...

Sollte nach Verlauf des Mitarbeitergesprächs kein Konsens über Rückmeldung und/oder Zielvereinbarung zustande gekommen sein, findet ein weiteres Gespräch auf ›paritätischer Basis‹ statt. Gesprächspartner sind somit der/die Mitarbeiter/-in, der/die Vorgesetzte, der Personalleiter und ein Betriebsratsmitglied« (Immobilien-Verwaltung).

Besondere Erwähnung verdienen bei diesen real existierenden Regelungen meines Erachtens einige Aspekte aus Beispiel 3. Durch die Einführung einer Norm, wonach für die Mitarbeiter/innen keine individuellen Stück- oder Verkaufszahlen vereinbart werden dürfen, die den Mittelwert der Planzahlen für die jeweilige Organisationseinheit überschreiten, ist der drohenden Überforderung einzelner Beschäftigter oder der Versuchung einer ständigen Höherschraubung der Leistungsanforderungen unter Umständen[68] ein wirksamer Riegel vorgeschoben. Zudem wird dort geregelt, daß die Ziele nicht zu einer Überforderung führen dürfen. Auch gibt es eine paritätische Konfliktregulierung im Rahmen einer Kommission.

Bei den Beispielen 1, 3 und 5 wird ferner im Sinne meiner oben entwickelten Gestaltungsüberlegungen geregelt, daß es bei veränderten Rahmenbedingungen eine Korrekturmöglichkeit der Ziele geben muß.

7.2 Zielvereinbarung als Führungsinstrument in einer genossenschaftlichen Rechenzentrale

In einer genossenschaftlichen Rechenzentrale wurde 1997 eine *spezifische Betriebsvereinbarung* zu Zielvereinbarungen abgeschlossen.[69] Die wichtigsten Regelungen sind dabei die folgenden:

68 »unter Umständen« deswegen, weil dies logischerweise auch von den bereichsbezogenen Vorgaben abhängen wird, die ja ihrerseits von Jahr zu Jahr »intensiviert« werden können.

69 Diese ist im kompletten Wortlaut dokumentiert bei Breisig (1998, S. 507ff.).

- Zielvereinbarungen orientieren sich an allgemeinen Zielen des Unternehmens/Bereichs/Ressorts.
- Es sollen »auch persönliche Ziele der Mitarbeiter Berücksichtigung finden.«
- Vorgesetzte/r und Mitarbeiter/in erarbeiten gemeinsam Arbeitsziele sowie »Meßkriterien« zur Überprüfung der Zielerreichung.
- Bei Bedarf Beratung durch Personalabteilung und Betriebsrat.
- Bei Meinungsverschiedenheiten Einschaltung der/des nächsthöheren Vorgesetzten.
- Zielvereinbarung dient *nicht* der Gehaltsfindung.
- Nicht mehr als 5 Ziele.
- Anpassung der Ziele bei unvorhergesehenen Ereignissen/Entwicklungen.
- Defizite in der Zielerreichung ziehen Schulungsmaßnahmen nach sich.
- Keine Nachteile bei Verfehlung der Ziele »aus vom Mitarbeiter nicht zu vertretenden Gründen«.

Übersicht 7-1: Betriebsvereinbarung über Zielvereinbarungen (als Führungsinstrument) aus einer genossenschaftlichen Rechenzentrale

In dieser Vereinbarung wird das Problem des Verfahrens in Konfliktfällen meines Erachtens nicht befriedigend gelöst (keine Konfliktbehandlung nach dem Prinzip der Parität). Dafür enthält sie aber interessante Regelungen zur Zielkorrektur, zur Beschränkung maschineller Speicherungen, zum Verzicht auf Unterschriften sowie zu einer deutlichen Feststellung, daß auch die persönlichen Ziele der Mitarbeiter/innen »vereinbar« sein.

7.3 Zielvereinbarungen in einem mittelständischen Zeitungsverlag

Im Internet findet sich das Beispiel eines mittelständischen Zeitungsverlags mit einer weiteren Betriebsvereinbarungs-Regelung zur Zielvereinbarung.[70] Diese Anwendung ist dahingehend interessant, als das Unternehmen bemüht ist, im Geiste einer »neuen Arbeitskultur« (vgl. Abschnitt 4.1) mit einem ganzen Set von Maßnahmen die Kompetenzen der Mitarbeiter/innen nachhaltig zu steigern. Damit soll eine neu definierte Unternehmensphilosophie für die Zukunft umgesetzt werden, die »von den Grundstrategien Mitarbeiterorientierung, Kunden-

70 Adresse: http://www.tse-hamburg.de/Betriebsvereinbarungen/Texte/Zielkriterien.html

ausrichtung, Marktausschöpfung, Steigerung der Leistungs- und Wettbewerbsfähigkeit geleitet« wird.

Zu den Instrumenten gehören »Mitarbeitergespräche zur persönlichen Orientierung und Entwicklung«, »Szenarien für sinnvolle Formen von Gruppenarbeit in den unterschiedlichen Bereichen des Verlages« sowie ein »System von Zielvereinbarungen und Mitarbeitergesprächen zur Beurteilung des Erreichens dieser vereinbarten Ziele«.

Wie schon bei der genossenschaftlichen Rechenzentrale (vgl. Abschnitt 7.2) ist kein Entgeltbezug vorgesehen.

Die Vereinbarung zur Zielvereinbarung enthält im wesentlichen die folgenden Regelungen:

- Zielvereinbarungen erfolgen zwischen den Arbeitsgruppen und ihren unmittelbaren Vorgesetzten, ab Teamleiterebene aufwärts werden Einzel-Zielvereinbarungen durchgeführt.
- Es wird in aller Deutlichkeit festgehalten: »Ziele werden vereinbart, nicht gesetzt!«
- Es sind drei Zielfelder vorgesehen, nämlich fachliche Ziele, auf die Zusammenarbeit bezogene Ziele sowie individuelle Qualifizierungsziele.
- Zum Aspekt der Zusammenarbeit findet sich folgende interessante Ergänzung: »Ziele, die sich auf die Zusammenarbeit beziehen, umfassen auch organisatorische Maßnahmen, die vom Vorgesetzten durchzuführen bzw. zu veranlassen sind sowie die Erwartungen der Gruppe an das Führungsverhalten der/des Vorgesetzten«. An anderer Stelle wird zu diesem Punkt ergänzt: »Die Zielvereinbarung muß auch die Verpflichtungen der Führungskräfte gegenüber den Mitarbeiterinnen und Mitarbeitern umfassen, d.h. die Aktivitäten und Maßnahmen benennen, die die Vorgesetzten zur Unterstützung für das Erreichen der vereinbarten Ziele ergreifen.«
- Die zu vereinbarenden Ziele müssen meßbar (ihre Erreichung durch nachvollziehbare Kriterien beurteilbar), realistisch, von den Mitarbeiter/innen erreichbar und in Übereinstimmung mit den Unternehmenszielen und -strategien sein.
- Die in Zielvereinbarungen festgelegten Qualifizierungsmaßnahmen müssen der Personalentwicklungs-Abteilung gemeldet werden. Der Betriebsrat wird entsprechend informiert.
- Zielvereinbarungs- und Zielerreichungsgespräche (im Sinne des Soll/Ist-Vergleichs) werden nicht zusammen, aber in regelmäßigen Abständen durchgeführt. Das Zielvereinbarungsgespräch findet in der Regel jährlich, das Zielerreichungsgespräch halbjährlich statt.

- Kommt es beim Zielvereinbarungs- oder beim Zielerreichungsgespräch zu Konflikten, kann zunächst ein/e gruppenexterne/r Berater/in hinzugezogen werden. Das können Mitarbeiter/innen aus der Personalentwicklungs-Abteilung, die/der nächsthöhere Vorgesetzte/r oder ein Mitglied des Betriebsrats sein.

- Falls aber auch damit keine Konfliktlösung erzielt werden kann, hält die Vereinbarung weitergehende Mechanismen vor. Es gilt nämlich ein ausdrückliches Konsensgebot: »Sowohl die Zielvereinbarungs- als auch die Zielerreichungsgespräche sollen im Konsens der Beteiligten erfolgen. Es geht um die Schaffung einer Vertauenszone, die die traditionelle Kontrollzone als Führungsinstrument zwischen Vorgesetztem und Untergebenen ersetzen soll. Die Vereinbarungen und Ergebnisprotokolle der Zielerreichung sind nur gültig, wenn sie von allen Beteiligten unterschrieben sind.« Und es heißt weiter: »Wird eine Zielvereinbarung oder ein Gesprächsprotokoll über die Zielerreichung nicht unterschrieben, so hat die betroffene Person das Recht, sich an den nächsthöheren Vorgesetzten zu wenden. Dieser versucht zunächst, durch Vermittlung die Beteiligten zu einer Lösung zu bringen. Gelingt dies nicht, so entscheidet eine Clearingstelle. Die Clearingstelle besteht aus je einer von der Personalabteilung und dem Betriebsrat bestimmten Person; bei Nichteinigkeit wird eine dritte, von der Geschäftsleitung und dem Betriebsrat benannte Person hinzugezogen.«

- Hinsichtlich der Datenablage enthält die Vereinbarung die folgende Regelung: »Nur die direkt an den Zielvereinbarungen und Zielerreichungsgesprächen beteiligten Personen erhalten Kopien der getroffenen Vereinbarungen und Protokollkopien der Mitarbeitergespräche. Je eine weitere Kopie wird bei den Akten der jeweiligen Organisationseinheit von dem dort zuständigen Vorgesetzten für die Dauer von maximal drei Jahren aufbewahrt. Es erfolgt keine zentrale Aufbewahrung oder computerunterstützte Speicherung der Protokolle.« Aber es heißt auch in einem Nachsatz: »Davon ausgenommen ist die Weitergabe an die Personalabteilung, wenn es sich um personalaktenrelevante Vorgänge handelt.«

- Zur Schulung und Information der Beteiligten werden ein Qualifizierungsprogramm sowie »beispielhafte Unterlagen für Vorgesetzte und Gruppenmitglieder« angeboten. Das für alle geltende Qualifizierungsangebot bezieht sich auf »die Erläuterung und Einübung des Verfahrens anhand von Beispielmaterial« und »den Umgang mit Konfliktsituationen«.

- Die Zielvereinbarungen werden ausdrücklich von Entgeltfragen abgekoppelt.

Übersicht 7-2: Betriebsvereinbarung über Zielvereinbarungen (als Führungsinstrument) aus einem mittelständischen Zeitungsverlag

Zu ergänzen ist, daß in der Vereinbarung auch eine regelmäßige *Erfolgskontrolle* vorgesehen ist, bei der der Betriebsrat eine Schlüsselrolle spielt. Jährlich wird eine schriftliche standardisierte Befragung der Betroffenen anhand eines zwischen Unternehmen und Betriebsrat abgesprochenen Fragebogens unter der Federführung des Betriebsrats durchgeführt. Die Befragung ist anonym, die Teilnahme daran für die Mitarbeiter/innen freiwillig. Ausgewertet wird abteilungsweise und auf die ganze Belegschaft bezogen.

Besonders bemerkenswert an dieser Vereinbarung ist meines Erachtens die deutliche Feststellung, daß Ziele gemeinsam zu vereinbaren (und nicht etwa festzulegen) sind, das dazu gehörende *ausdrückliche Konsensgebot* sowie die mehrstufige Konfliktregelung, die in der »Clearing-Stelle« mit paritätischem Prinzip endet.

7.4 Zielvereinbarung mit Fertigungsgruppen bei Mercedes-Benz

Wie schon in Kapitel 6 (unter »Echte« Vereinbarung) erwähnt, halte ich ebenso eine Bestimmung von Mercedes-Benz für vorbildlich, die ebendort zur Vereinbarung von Zielgrößen zwischen Fertigungsgruppen in der Produktion und ihren Vorgesetzten per Betriebsvereinbarung eingeführt wurde und die sich ohne weiteres generell für Zielvereinbarungen denken ließe. Die entsprechenden Passagen lauten wörtlich (siehe nächste Seite).

7.5 Tarifvertrag über leistungsorientierte Zulagen bei der AOK

Als Muster *mit* Entgeltbezug läßt sich ein (Firmen-) Tarifvertrag anführen, der schon Ende 1995 zwischen der Gewerkschaft ÖTV und den Allgemeinen Ortskrankenkassen (AOK) zur Einführung leistungsorientierter Zulagen auf der Basis von Zielvereinbarungen abgeschlossen wurde.[71]

71 »Tarifvertrag vom 13. Oktober 1995 zur Zahlung leistungs- und erfolgsorientierter Zulagen an Beschäftigte der AOK und ihrer Verbände«, abgeschlossen zwischen Gewerkschaft ÖTV und der Vereinigung der Tarifgemeinschaften der AOK.

»Im Arbeitssystem werden arbeitssystembezogene Kenndaten gebildet, die sich auf das Arbeitspensum beziehen (i.d.R. Soll-/Ist-Vergleiche). Die Kenndaten dienen zur Planung, Steuerung und zur kontinuierlichen Verbesserung des Arbeitssystems. Die Kenndaten werden den betroffenen Mitarbeitern zur Verfügung gestellt. ...
Die Leistungsanforderungen an die betroffenen Beschäftigten ... werden in Form eines Soll-Arbeitspensums festgelegt. Das Soll-Arbeitspensum wird in zeitbezogenen Leistungsgrößen (z.B. Minuten, Stückzahlen, Sollbesetzung bei bestimmten Programmen) und/oder als Beschreibung der Arbeitsaufgaben definiert.
Soll-Arbeitspensum und betrieblich notwendige Schwankungen werden zwischen Vorgesetzten und Mitarbeitern unter Berücksichtigung der vollen Nutzung der zur Verfügung stehenden Schichtzeit besprochen und vereinbart. Hierfür bilden die zeitwirtschaftlichen Daten die Fachgrundlage. Es werden sämtliche im Arbeitssystem auszuführenden Tätigkeiten berücksichtigt. Bei der Durchsprache des Soll-Arbeitspensums werden Fragen, Einwände und Vorschläge der Mitarbeiter erörtert und ggf. zusätzliche Untersuchungen zur Klärung von Zweifelsfragen durchgeführt und Alternativlösungen geprüft.
Zwischen Vorgesetzten und Mitarbeitern können zusätzliche Leistungsziele vereinbart werden, wobei davon ausgegangen wird, daß sich Vorgesetzte und Mitarbeiter auf erreichbare Ziele einigen.
Eine einseitige Vorgabe wird damit ausgeschlossen. ...
Das vereinbarte Soll-Arbeitspensum kann geändert werden, wenn dies durch technische oder organisatorische Änderungen oder Fehler begründet ist; dies gilt auch für Veränderungen, die aus Optimierungsvorschlägen von Gruppenmitgliedern bzw. einzelnen Mitarbeitern zur Neugestaltung der Arbeitsabläufe resultieren. ...
Das Soll-Arbeitspensum kann darüber hinaus jeweils frühestens zwei Jahre nach Festlegung ohne besondere Begründung überprüft werden. Eine Änderung des Soll-Arbeitspensums wird zwischen Vorgesetzten und Mitarbeitern besprochen und vereinbart. ...
Die betroffenen Mitarbeiter und der Betriebsrat haben das Recht, das Soll-Arbeitspensum unter Angabe von Gründen zu reklamieren.«
(Ergänzende Anmerkung: Wenn sich die Beteiligten bei der Festlegung der Arbeitspensen nicht einigen können oder von dem Recht auf Reklamation Gebrauch gemacht wird, tritt eine paritätische Kommission in Aktion. Kann auch hier keine Einigung herbeigeführt werden, entscheidet die Einigungsstelle verbindlich).

Übersicht 7-3: Regelung aus einer Betriebsvereinbarung von Mercedes-Benz zur Vereinbarung von gruppenbezogenen Zielgrößen

Die wichtigsten Regelungen dieses Tarifvertrags werden in der folgenden Übersicht dargestellt:

- Maßstab für die Zahlung von leistungsbezogenen Zulagen sind die »in einem Mitarbeitergespräch schriftlich vereinbarten Ziele.«
- Für die Leistungsfeststellung »sind Mitarbeiterbeurteilungen nicht geeignet.«
- Einzelne Mitarbeiter/innen oder Gruppen erhalten eine Zulage »bei besonderen, objektiv meßbaren Leistungen«.
- Grundlage dafür sind Zielvereinbarungen, »in denen eine mit Punkten bewertete Zieldefinition vorgenommen wird.«
- Die Zulagen werden monatlich nach Maßgabe des Zielerreichungs-Grades ausgezahlt.
- 15 % der jährlichen Leistungszulagensumme wird als Erfolgsprämie zu gleichen Teilen an alle Beschäftigten gezahlt.
- Es wird eine paritätische »Kriterienkommission« eingerichtet, die u.a. Grundsätze zur Zielvereinbarung erarbeitet (vgl. unten).
- Ferner wird eine ebenfalls paritätisch besetzte »Betriebliche Kommission« zur Beratung von Beschäftigten über Zielvereinbarungen und zur Lösung von Konflikten über die Zulagen installiert.

Übersicht 7-4: Tarifvertrag zur Zahlung von Zulagen aufgrund von Zielvereinbarungen bei der AOK (gültig ab 1. 12. 95)

Die AOK-Kriterienkommission laut Tarifvertrag hat die folgenden *verbindlichen Grundsätze für die Vereinbarung von Zielen* ausgehandelt und in Kraft gesetzt (siehe nächste Seite).

Besonders hervorzuheben ist in diesem Tarifvertrag bzw. seinen zugrundeliegenden Normen die strikte Trennung zwischen arbeitsvertraglichen Verpflichtungen und der Erreichung der Ziele. Zwar ist der Abschluß von Zielvereinbarungen freiwillig; die Beschäftigten sind jedoch dann gezwungen, eine Zielvereinbarung mit ihrer/ihrem Vorgesetzten zu schließen, wenn ihnen an einer leistungsbezogenen Zulage liegt.

- Zielvereinbarungen sind »zusätzliche und insoweit ergänzende Vereinbarungen zum Arbeitsvertrag.« Das Nicht-Erreichen der Ziele hat keinen Einfluß auf Ansprüche und Verpflichtungen aus dem Arbeitsvertrag.
- Die beiden Parteien »müssen bei der Vereinbarung von Zielen einen Vereinbarungsspielraum haben.«
- Ziele müssen sein: anspruchsvoll, aber realistisch; von beiden Parteien akzeptiert (niemandem aufgezwungen), überprüfbar (»meßbar und durch objektive Kriterien feststellbar«), abgestimmt (»im Einklang mit allen am Zielvereinbarungsprozeß beteiligten Bereichen stehen«).
- Zielvereinbarungen können (nicht: müssen) mit allen Beschäftigten und Gruppen getroffen werden. Bietet der Arbeitgeber einer Person in einem Bereich eine Zielvereinbarung an, muß er dies allen anderen mit identischen Aufgaben auch anbieten.
- Der Abschluß von Zielvereinbarungen ist freiwillig.
- Einvernehmliche Zielanpassung ist möglich.
- Es findet ein Zielerreichungs-Gespräch am Ende des Zeitraums zwecks einvernehmlicher Feststellung der Erreichungsgrade statt
- Bei Nichteinigung entscheidet auf Antrag die »Betriebliche Kommission« laut Tarifvertrag.

Übersicht 7-5: Grundsätze zur Vereinbarung von Zielen laut AOK-Kriterienkommission

7.6 Tarifverträge für den Geschäftskundenvertrieb der Deutschen Telekom

Das letzte in diesem Buch angeführte Regelungsbeispiel ist ebenfalls ein firmenbezogener Tarifvertrag. Zwischen der Deutschen Postgewerkschaft und der Telekom AG wurden 1997/1998 für den Bereich des Geschäftskundenvertriebs Tarifverträge u.a. zur Zielvereinbarung mit Entlohnungskomponente abgeschlossen.[72]

Durch die nachfolgend erörterten Regelungen soll »der Beitrag des einzelnen Arbeitnehmers zur Erreichung der Vertriebsziele des Unternehmens zusätzlich finanziell honoriert werden.«

Die Beschäftigten im Geschäftskundenvertrieb bekommen einen Arbeitsbereich mit Gebietsschutz (geographisch, kundengruppen-,

72 Tarifvertrag Nr. 29 vom 14.5.1997 und Tarifvertrag Nr. 49 vom 16.2.1998; jeweils abgeschlossen zwischen der Deutschen Postgewerkschaft und der Deutschen Telekom AG.

branchen- oder produktorientiert). Eventuelle Gebietsänderungen sind Verhandlungsgegenstand zwischen den Parteien (Vorgesetzte, Arbeitnehmer/innen).

Nach einem feststehenden Gewichtungsschlüssel werden quantitative und qualitative Ziele vereinbart. Erstere machen in der Summe der Gewichtungen 82 %, letztere 18 % aus. Die quantitativen Zielbereiche beziehen sich auf den Absatz, den Produktmix und den Umsatz. Bei den qualitativen Zielen geht es um die Kund/innen-Zufriedenheit (mit einem Index ermittelt) sowie um zwei bis drei weitere Ziele, um »lokalen Besonderheiten und Schwerpunkten Rechnung« zu tragen. Dabei darf es sich nicht um Verhaltensziele handeln.

Die quantitativen Vertriebsziele werden auf die Niederlassungen heruntergebrochen und auf die Abteilungen weiterverteilt. Dabei werden berücksichtigt: »Gesamtumsatz, Absatz des Vorjahres, Kundenpotential, regionale Besonderheiten in einzelnen Produktmärkten, Technik und Ressourcen sowie Personal.«

In den Abteilungen werden dann Individualziele vereinbart. Mindestens eine Woche vor dem Zielvereinbarungsgespräch werden die Arbeitnehmer/innen über die Ziele ihrer Organisationseinheit informiert und bekommen einen konkreten Zielvorschlag von der/dem Vorgesetzten. Einigen sich die Parteien, werden die Ergebnisse schriftlich niedergelegt und von beiden Seiten unterschrieben. Einigen sie sich nicht, wird eine mehrstufige Konfliktregelung nach dem Paritätsprinzip eingeleitet:

»Sechs Wochen nach Festlegung der Niederlassungsziele müssen die Zielvereinbarungen … abgeschlossen worden sein.

a) Wird zwischen Vorgesetztem und Arbeitnehmer innerhalb dieses Zeitraumes keine Einigung erzielt, wird eine Kommission gebildet, die auf örtlicher Ebene mit Mehrheitsbeschluß über die Ziele entscheidet. Die Kommission ist mit zwei Arbeitgebervertretern und zwei Arbeitnehmervertretern besetzt. Diese Vertreter werden von der jeweiligen Tarifvertragspartei benannt. Aus ihrer Kommissionstätigkeit dürfen den Mitgliedern der Kommission keine Nachteile erwachsen.
b) Hat die Kommission zwei Wochen nach Anrufung keine Entscheidung über die Ziele getroffen, entscheiden die Tarifvertragsparteien binnen drei Wochen über die Ziele des Arbeitnehmers.

c) Findet während des Verfahrens nach Buchstabe a) bzw. Buchstabe b) eine Einigung zwischen Vorgesetztem und Arbeitnehmer statt, werden die Kommission bzw. die Tarifvertragsparteien hierüber umgehend informiert und das Verfahren wird eingestellt.
d) Der Arbeitgeber ist für die Bildung der Kommission bzw. die Anrufung der Tarifvertragsparteien verantwortlich und hat die notwendigen Schritte für den Fortgang unverzüglich nach Ablauf der genannten Fristen zu unternehmen.
e) Bis zu einer Einigung bzw. einer Entscheidung über die Ziele richtet sich der Anspruch auf die Zahlung einer variablen Vergütung zunächst nach dem Vorschlag des Arbeitgebers.«

Der Betriebsrat wird vor Beginn der Zielvereinbarungs-Gespräche über die Niederlassungsziele und die Verteilung auf die Abteilungen informiert. Er wird ferner von allen Einigungen und Nicht-Einigungen zwischen Mitarbeiter/innen und Vorgesetzten in Kenntnis gesetzt.

Des weiteren sieht der Tarifvertrag ein sog. »Monitoringverfahren« vor:

»Einmal pro Quartal findet auf Unternehmensebene ein Gespräch zwischen Gesamtbetriebsrat und den Tarifvertragsparteien statt. Gegenstand ist die Darlegung und Erörterung der Absatz- und Umsatztrends sowie der sich daraus ergebenden bundesweiten Zielerreichungsgrade (Soll-/Istvergleich) und der sich daraus ggf. ergebenden ableitenden Handlungsnotwendigkeiten. Ein ähnliches Monitoringgespräch findet im gleichen Turnus auf Niederlassungsebene zwischen Arbeitgeber und Betriebsrat statt.«

Die Beschäftigten bekommen quartalsweise »ihre« Ergebnisse in Form eines Soll/Ist-Vergleichs mitgeteilt. Auf Wunsch werden diese Zwischenergebnisse mit den Mitarbeiter/innen erörtert.

Die Tarifverträge enthalten ausführliche und nach Zielarten unterschiedliche Regelungen zur Ermittlung der Zielerreichungsgrade und der daran gekoppelten Errechnung der variablen Vergütung. Durchgängig beträgt der Mindest-Zielerreichungsgrad 70 %, um einen Bonus zu erlangen. Die maximale variable Vergütung liegt bei 150 %: »Durch die Festlegung eines Maximal-Zielerreichungsgrades soll auch verhindert werden, daß sich die Arbeitnehmer hinsichtlich der Zielerreichung zur Selbstüberforderung angehalten fühlen.«

Für auftretende Unstimmigkeiten bei der Feststellung der Zielerreichungsgrade ist ein gesonderter Konfliktlösungsmechanismus festgeschrieben. Bei den Teamzielen muß mindestens die Hälfte der Beschäftigten mit der Feststellung der Zielerreichung nicht einverstanden sein.

Wieder wird eine paritätische Kommission auf Betriebsebene gebildet, dieses Mal aber ohne eine weitere Stufe unter Einbeziehung der Tarifvertrags-Parteien. Für den Fall der Nicht-Einigung in der Kommission ist vorgesehen: »Von Fall zu Fall hat ein Vertreter des Arbeitgebers bzw. des Betriebsrates ein Doppelstimmrecht.«

Weitere, hier nicht näher erläuterte Bestimmungen regeln Ausfallzeiten wegen Arbeitsunfähigkeit, Eintritte, Austritte und Versetzungen, die Anrechenbarkeit von Leistungszulagen sowie die Auszahlungsmodalitäten.

Ferner ist festgelegt, daß sich aus der Zielvereinbarung weder arbeitsvertragliche Verpflichtungen noch Nebenabreden im Sinne des geltenden Mantel-Tarifvertrages ergeben.

Die EDV-technische Verarbeitung von Daten ist nur zum Zwecke der Ermittlung des variablen Vergütungsanteils zulässig. Zugriff haben lediglich genau benannte Führungsbereiche aus dem Vertrieb, die betroffenen Individuen bzw. Teams sowie der Betriebsrat.

Die Laufzeit der Tarifverträge ist begrenzt (Übergangsregelungen). Ohne Nachwirkung laufen sie zum 31. 12. 1998 aus. Derzeit (1999) wird bei der Deutschen Telekom AG über ein »Neues Bewertungs- und Bezahlungssystem« (NBBS) verhandelt, bei dem die Führung und Entlohnung mit Zielvereinbarungen »ganzheitlicher« geregelt werden soll.

8. Ein kurzer Ausblick

Die vorgenannten Regelungsbeispiele – Betriebsvereinbarungen wie Tarifverträge – zeigen meines Erachtens im Ergebnis, daß das »Schreckgespenst«, welches gerade individuelle Zielvereinbarungen für viele Interessenvertreter/innen immer noch sind, durchaus im Sinne der Beschäftigten wie auch der Unternehmen bzw. der sonstigen Organisationen »vernünftig« gestaltbar sind.

Tragbar und fortschrittlich sind diejenigen Ansätze, in denen zumutbare Leistungsabsprachen getroffen, auch andere, mehr mitarbeiter/innen-orientierte Ziele festgeschrieben und eventuelle Uneinigkeiten der Parteien in einem fairen und nach paritätischen Prinzipien aufgebauten Verfahren behandelt werden können. Bei Entlohnungsbezug ist es sogar denkbar, Zielvereinbarungen als Einfallstor für die stärkere Beeinflussung der Leistungsbedingungen durch die Betriebs- bzw. Personalräte zu funktionalisieren. Hierzu braucht es jedoch noch einer Menge Erfahrung.

Man darf gespannt sein, ob und inwieweit es gelingt, den Ansatz von Zielvereinbarungen auf der tariflichen Ebene auch in die Fläche zu transportieren. Bei der IG Metall, aber auch bei anderen Gewerkschaften wie der HBV gibt es dazu erste Überlegungen und zarte Initiativen – trotz der nach wie vor weit verbreiteten Skepsis und dem Mißtrauen gegenüber dem Instrument.

Auch die Arbeitgeber werden bemüht sein, Zielvereinbarungen zur Förderung der Kooperation und Kommunikation sowie für Leistungsabsprachen mit zumindest teilweisem Entlohnungsbezug weiter voranzutreiben.

Zielvereinbarungs-Konzepte sind nicht per se gut oder schlecht. Sie sind gestaltungsbedürftig und im Wege der Mitbestimmung auch gestaltungsfähig. Wenn es gelingt, das Instrument trotz seiner unbestreitbaren praktischen Probleme und Risiken für die Arbeitnehmer/innen einer vernünftigen, die Risiken begrenzenden und die positiven Potentiale fördernden Ausformung zu unterziehen, kann es ein wesentliches Element des vielbeschworenen »Modernisierungspaktes« zwischen Belegschaften und ihren Interessenvertretungen einerseits und dem aufgeschlossenen Management andererseits sein – zum Nutzen aller Beteiligten.

Literaturverzeichnis

Altvater, Lothar u.a. (1996) (Altvater/Hörter/Peiseler/Bacher/Sabottig/Vohs): Bundespersonalvertretungsgesetz. Kommentar für die Praxis, 4. Aufl., Frankfurt

Baethge, Martin/Denkinger, Joachim/Kadritzke, Ulf (1995): Das Führungskräfte-Dilemma. Manager und industrielle Experten zwischen Unternehmen und Lebenswelt, Frankfurt u. New York

Bartölke, Klaus (1977): Methodologische und anwendungstechnische Aspekte eines Führungskonzeptes am Beispiel von MbO (Management by Objectives), in: Nieder, Peter (Hrsg.): Führungsverhalten im Unternehmen, München, S. 53–74

Becker, Fred G. (1994): Grundlagen betrieblicher Leistungsbeurteilungen, 2. Aufl., Stuttgart

Becker, Fred G. (1996): Aufgabenbezogene Leistungsbeurteilung, in: Personal, Nr. 9 - 1996, S. 466–471

Böhrs, Hermann (1980): Leistungslohngestaltung – mit Arbeitsbewertung, persönlicher Bewertung, Akkordlohn, Prämienlohn, Wiesbaden

Breisig, Thomas (1987): Führungsgrundsätze – Verändertes unternehmerisches Selbstverständnis oder Instrument zur Rationalisierung? Spardorf

Breisig, Thomas (1997a): Gruppenarbeit und ihre Regelung durch Betriebsvereinbarung, Köln

Breisig, Thomas (1997b): Personalentwicklung und Qualifizierung als Handlungsfeld des Betriebsrats. Grundlagen – Maßnahmen – Betriebs- und Tarifvereinbarungen, Baden-Baden

Breisig, Thomas (1998): Personalbeurteilung – Mitarbeitergespräch – Zielvereinbarungen. Grundlagen, Gestaltungsmöglichkeiten und Umsetzung in Betriebs- und Dienstvereinbarungen, Frankfurt am Main

Bühner, Rolf (1996): Mitarbeiter mit Kennzahlen führen. Der Quantensprung zu mehr Leistung, Landsberg/Lech

Bundesmann-Jansen, Jörg/Pekruhl, Ulrich (1992): Der Medienkonzern Bertelsmann. Neues Management und gewerkschaftliche Betriebspolitik, Köln

Busch, Ewald (1995): Zielvereinbarung und Entgelt, in: REFA – Verband für Arbeitsstudien und Betriebsorganisation, S. 228–254

Busse, Beate (o.J.): Umsetzungsperspektiven für eine Reform des Beurteilungswesens im öffentlichen Dienst, vervielfältigtes Manuskript, vorgelegt zum ÖTV-Expertengespräch »Reform des Beurteilungswesens« am 26.3.98 in Frankfurt am Main

Campbell, Donald J./Furrer, David M. (1995): Goal setting and competition as determinants of task performance, in: Journal of Organizational Behavior, Nr. 4 – 1995, S. 377–389

Cattell, R.B. (1957): Personality and motivation. Structure and measurement, New York

Deutsche Angestellten-Gewerkschaft (1997): DAG-Positionen zur »leistungs- und erfolgsorientierten Vergütung«, Hamburg

Dey, Günther (1999): Controlling, in: Dey, Günther/Grauvogel, Michael (Hrsg.): Wirtschaftswissen von A-Z für die erfolgreiche Betriebsratspraxis, Loseblattwerk, Kissing

Eberhardt, Hermann (1994): Zielvereinbarung – ein Praxisbeispiel, in: REFA-Nachrichten, Nr. 2 – 1994, S. 21–26

Ehlscheid, Christoph/Meine, Hartmut/Vogt, Walter (1997a): »Wieviel Geld für wieviel Leistung?« Entlohnungsgrundsätze und Leistungsbedingungen, in: Lang/Meine/Ohl, S. 228–311

Ehlscheid, Christoph/Schild, Armin/Wagner, Hilde (1997b): »Da schiebt keiner mehr 'ne ruhige Kugel«. Arbeits- und Leistungsbedingungen im Angestelltenbereich, in: Lang/Meine/Ohl, S. 487–532

Esser, Martin (1992): Mitarbeiterbeurteilung als Personalentwicklung in japanischen Unternehmen, in: Selbach/Pullig, S. 299–317

Evers, Heinz/von Hören, Martin (1996): Bonussysteme als Umsetzungshebel zielorientierter Unternehmensführung, in: Personal, Nr. 9 – 1996, S. 456–461

Eyer, Eckhard (1994a): Entlohnung in teilautonomen Arbeitsgruppen, in: Antoni, Conny H. (Hrsg.): Gruppenarbeit in Unternehmen. Konzepte, Erfahrungen, Perspektiven, Weinheim, S. 100–114

Eyer, Eckhard (1994b): Leistungsentgelt bei Gruppenarbeit in schlanken Unternehmen. Lösungsansätze, Erfahrungen, Perspektiven, in: Personalführung, Nr. 5 – 1994, S. 406–415

Felix, Jochen/Mache, Wolf/Spitzbarth, Uwe (1996): Leistung muß sich lohnen! Es fragt sich nur, für wen? Düsseldorf

Fitting, Karl u.a. (1996) (Fitting/Kaiser/Heither/Engels): Betriebsverfassungsgesetz. Handkommentar, 19. Aufl., München

Foullong, Uwe/Jurkat, Hans-Georg (1992): Einführung eines neuen Beurteilungsverfahrens in der Commerzbank AG, in: Selbach/Pullig, S. 459–488

Frieling, E. (1994): Führen mit Kennzahlen, in: Institut für angewandte Arbeitswissenschaft (Hrsg.): Lean Production II, Köln, S. 121–142

Fuchs-Wegner, G. (1975): Managementprinzipien und -techniken, in: Grochla, E./Wittmann, W. (Hrsg): Handwörterbuch der Betriebswirtschaft, Band I/2, 4. Aufl., Stuttgart, Sp. 2571–2578

Geffken, Rolf (1997): Mitbestimmung bei »Zielvereinbarungen«, in: Der Personalrat, Nr. 12 – 1997, S. 518–520

Gewerkschaft HBV (1998): Regelungsinhalte zu Vergütungssystemen mit Zielvereinbarungen, vervielfältigtes Manuskript aus dem Projekt »Leistungsvergütung im privaten Dienstleistungsgewerbe«, Düsseldorf

Gnade, Albert u.a. (1989) (Gnade/Kehrmann/Schneider/Blanke/Klebe): Betriebsverfassungsgesetz. Basiskommentar, 8. Aufl., Frankfurt

Grabendorff, Walter u.a. (1991) (Grabendorf/Windscheid/Ilbertz/Widmaier): Bundespersonalvertretungsgesetz mit Wahlordnung, 7. Aufl., Stuttgart u.a.

Haitzmann, Markus (1996): Leistungsbeurteilung durch Zielvereinbarung, in: Personal, Nr. 9 – 1996, S. 478–482

Heisel, Richard (1995): Partizipation der Mitarbeiter über Zielvereinbarung und Zielbewertung am Erfolg des Unternehmens, in: REFA – Verband für Arbeitsstudien und Betriebsorganisation, S. 342–359

Herlitzius, Stephan (1995): Lean Production – Arbeitsrechtsfragen bei Einführung und Gestaltung von Gruppenarbeit, Baden-Baden

Hindinger, Helmut (1987): Die Beteiligung des Personalrats bei Beurteilungsrichtlinien, in: Der Personalrat, Nr. 11 – 1987, S. 241–244

Hirschfelder, Raimund (1998): Ziele vereinbaren, Zielerreichung messen und belohnen. Die Umsetzung in Saarbrücken, in: Verwaltung und Management, Nr. 5 – 1998, S. 272–275

Hlawaty, Peter (1998): Topthema: Zielvereinbarungen, in: Die Mitbestimmung, Nr. 9 – 1998, S. 42–45

Institut für angewandte Arbeitswissenschaft (Hrsg.) (1994): Leistungsbeurteilung und Zielvereinbarung: Erfahrungen aus der Praxis, Köln

Jocham, Andrea (1993): Mercedes-Benz: Für neues Motorenwerk zukunftsweisende Betriebsvereinbarung, in: Handelsblatt, Nr. 142 vom 27.7.93, S. 3

Kaplan, Robert S./Norton, David P. (1996): The Balanced Scorecard: Translating strategy into action, Boston

Kill, Volker (1972): Die Führungskonzeption des »Management by Objectives« und ihre Bedeutung für die Leistungsbeurteilung, Diss., Augsburg

Klischan, Thomas (1987): Leistungsbeurteilung und Leistungszulagen in den Tarifverträgen der Metallindustrie der Bundesrepublik Deutschland, Diss., Heidelberg

Knebel, Heinz (1984): Leistungsvergütung auf der Grundlage von Zielvereinbarungen: Wunsch und Wirklichkeit, in: Personal, Nr. 5 – 1984, S. 187–190

Knicker, Theo (1996): Führen mit Zielen, in: Personal, Nr. 9 – 1996, S. 462–465

Kohn, Alfie (1994): Warum Incentive-Systeme oft versagen, in: Harvard Business manager, Nr. 2 – 1994, S. 15–23

Lang, Jens M. (1998): Moderne Entgeltsysteme. Leistungslohn bei Gruppenarbeit, Wiesbaden

Lang, Klaus/Meine, Hartmut/Ohl, Kay (Hrsg.) (1997): Arbeit – Entgelt – Leistung. Handbuch Tarifarbeit im Betrieb, 2. Aufl., Köln

Locke, E.A. (1968): Toward a theory of task motivation and incentives, in: Organizational Behavior, 1968, S. 157–189

Locke, E.A./Latham, G.P. (1990): A theory of goal setting and task performance, Englewood Cliffs

Locke, E.A./Shaw, K.N./Saari, L.M./Latham, G.P. (1981): Goal setting and task performance: 1069 – 1980, in: Psychological Bulletin, 1981, S. 125–152

Lorson, Heiko Nikolaus (1996): Mikropolitik und Leistungsbeurteilung – Diskussion mikropolitischer Aspekte am Beispiel merkmalsorientierter Einstufungsverfahren, Diss., Jena

Mainzer, Jan/Muth, Jürgen (1994): Leistungsorientiertes Entgeltsystem bei Hoechst, in: Arbeitgeber, Nr. 46 – 1994, S. 850–853

Mühlberger, Rainer L. (1995): Neue Fertigungsstrukturen (NFS) bei der ZF Friedrichshafen (ZFF) im Geschäftsbereich Nkw-/Sonder-Antriebstechnik, in: REFA – Verband für Arbeitsstudien und Betriebsorganisation, S. 360–374

Mungenast, Matthias (1990): Grenzen merkmalsorientierter Einstufungsverfahren und ihre mögliche Überwindung durch zielorientierte Leistungsbeurteilungsverfahren, München

Mungenast, Matthias (1994): Leistungsbeurteilung und Ziele, in: Personal, Nr. 2 – 1994, S. 56–59

Neuberger, Oswald (1980): Rituelle (Selbst-) Täuschung. Kritik der irrationalen Praxis der Personalbeurteilung, in: Die Betriebswirtschaft, Nr. 1 – 1980, S. 27–43

Neuberger, Oswald (1984): Führung, Stuttgart

O.V. (1985): Mitwirkung am Arbeitsplatz. Mohndruck Sonopress – Versand Service, Gütersloh

O.V. (1994):Mitbestimmung bei Anrechnung von Lohnerhöhungen auf Zulagen, in: Handelsblatt, Nr. 7 vom 11. 1. 1994, S. 4

Odiorne, G. (1967): Management by Objectives. Führung durch Vorgabe von Zielen, München

Oechsler, Walter A. (1992): Personalführung durch tätigkeitsbezogene Leistungsbewertung, in: Liebel, Hermann J./Oechsler, Walter A.: Personalbeurteilung. Neue Wege zur Beurteilung von Leistung, Verhalten und Potential, Wiesbaden, S. 11–102

ÖTV Hauptvorstand (1993): Reform des Beurteilungswesens, Thesenpapier; abgedruckt in: von Loewenfeld, S. 129–139

Pearce, Jone L./Porter, Lyman W. (1986): Employee responses to formal performance appraisal feedback, in: Journal of Applied Psychology, Nr. 2 - 1986, S. 211–218

REFA – Verband für Arbeitsstudien und Betriebsorganisation (Hrsg.) (1995): Den Erfolg vereinbaren. Führen mit Zielvereinbarungen, München

Richardi, Reinhard/Dietz, Rolf (1978): Bundespersonalvertretungsgesetz. Band 2: § 53 – Schluß mit Wahlordnung, 2. Aufl., München

Richardi, Reinhard (1982): Betriebsverfassungsgesetz Kommentar 7. Aufl., München

Rosenstiel, Lutz von/Molt, Walter/Rüttinger, Bruno (1995): Organisationspsychologie, 8. Aufl., Stuttgart

Sauer, Mechthild/Schlüter, Andreas (1994): Mitwirkung am Arbeitsplatz. Die Mitarbeiterbesprechung (MAB) als partizipatives Führungsinstrument, in: Die Betriebswirtschaft, Nr. 5 - 1994, S. 581–595

Schau, Martin (1998): Corporate Identity durch die Einbeziehung von Zielvereinbarungen im Rahmen der Personalentwicklung, Frankfurt am Main

Schettgen, Peter (1996): Arbeit – Leistung – Lohn. Analyse- und Bewertungsmethoden aus sozioökonomischer Perspektive, Stuttgart

Schnellenbach, H. (1995): Die dienstliche Beurteilung der Beamten und Richter, Heidelberg

Schröder, Heinz u.a. (1985) (Schröder/Lemhöfer/Kraft): Das Laufbahnrecht der Bundesbeamten. Kommentar zur Bundeslaufbahnverordnung, München (Loseblatt-Sammlung)

Schwegler, Lorenz (1997): »Führen mit Zielen« – arbeits-, tarif- und betriebsverfassungsrechtliche Anforderungen, in: Dokumentation einer Informationsveranstaltung des Gesamtbetriebsrates der Deutschen Telekom AG am 22. 5. 1997, Bonn

Selbach, Ralf/Pullig, Karl-Klaus (Hrsg.) (1992): Handbuch Mitarbeiterbeurteilung, Wiesbaden

Simon, A. (1994): Datenermittlung bei zeitgemäßen Formen der Arbeitsorganisation – Entscheidungsvorbereitung, in: Institut für angewandte Arbeitswissenschaft (Hrsg.): Lean Production II. Erfahrungen und Erfolge in der M+E-Industrie, Köln, S. 230–247

Slusher, E.A./Sims, H.P. (1977): Das Zielsetzungsgespräch in MbO-Systemen – zur Verpflichtung von Mitarbeitern gegenüber Zielen, in: Zeitschrift für Organisation, Nr. 2 – 1977, S. 86–90

Sprenger, Reinhard K. (1993): Mythos Motivation. Wege aus einer Sackgasse, 5. Aufl., Frankfurt a.M. u. New York

Stege, Dieter/Weinspach, Friedrich K. (1994): Betriebsverfassungsgesetz. Handkommentar für die betriebliche Praxis, 7. Aufl., Köln

Steinmann, Horst/Schreyögg, Georg (1993): Management. Grundlagen der Unternehmensführung, 3. Aufl., Wiesbaden

Steinort, Udo (1995): Soll die Personalbeurteilung gerecht sein? In: Verwaltungsführung-Organisation-Personal, Nr. 1 – 1995, S. 32–37

Stöber, Adolf Maria u.a. (1974): Kritisches Führungswissen, Stuttgart

Svoboda, Michael (1997): Erfolg durch Zielvereinbarung, in: Personalwirtschaft, Nr. 12 – 1997, S. 35–41

Syrée, G. (1972): Organisatorische Voraussetzungen des Management by Objectives (MBO). Teil 1: Zielbildung im MBO, in: Zeitschrift für Organisation, Nr. 7 – 1972, S. 350–364

Tondorf, Karin (1995): Leistungszulagen als Reforminstrument? Neue Lohnpolitik zwischen Sparzwang und Modernisierung, Berlin

Tondorf, Karin (1998a): Zielvereinbarungen. Zum Mitbestimmungspotential eines dezentralen Regulierungsmodus, in: WSI-Mitteilungen, Nr. 6 – 1998, S. 386–392

Tondorf, Karin (1998b): Zielvereinbarungen – die Basis von Beurteilung und Leistungsvergütung, in: Arbeitsrecht im Betrieb, Nr. 6 – 1998, S. 322–327

Tondorf, Karin (1998c): Erfolg vereinbaren? In: Die Mitbestimmung, Nr. 5 – 1998, S. 61 f.

Tondorf, Karin/Mache, Wolf (1994): Betriebliche Leistungsvergütung in Büro und Verwaltung, in: Arbeitsrecht im Betrieb, Nr. 2 – 1994, S. 88–115 von Loewenfeld, Wilfried (Hrsg.) (o.J.): Die Beurteilung. Vom Ritual zum sozialen Management im öffentlichen Dienst, Stuttgart

Weinert, Ansfried B. (1998): Organisationspsychologie. Ein Lehrbuch, 4. Aufl., Weinheim

Wiegand, Birgit/Mößmer, Claudia (1993): Provisionsentlohnung im Verkauf. Eine Arbeitshilfe für Betriebsräte im Einzelhandel, Düsseldorf

Wild, Jürgen (1971): Management-Konzeption und Unternehmensverfassung, in: Schmidt, Ralf-Bodo (Hrsg.): Probleme der Unternehmensverfassung, Tübingen, S. 57–95

Wild, Jürgen (1973): MbO als Führungsmodell für die öffentliche Verwaltung, in: Die Verwaltung, Nr. 3 – 1973, S. 283–316

Wolff, Georg/Göschel, Gesine (1984): Die Beurteilung von Mitarbeitern – Was oft nicht in den Beurteilungsrichtlinien steht, in: Verwaltungsführung-Organisation-Personal, Nr. 1 – 1984, S. 35–38

Wunderer, Rolf/Boerger, Martin/Löffler, Hans (1979): Zur Beurteilung wissenschaftlich-technischer Leistungen. Eine empirische Studie zur Personalbeurteilung in Forschungsorganisationen des Bundes, Baden-Baden

Zander, Ernst (1980): Leistungsbeurteilung und Leistungszulagen. Die Bedeutung aus Sicht der Unternehmensführung, in: Personal, Nr. 8 – 1980, S. 306–309

Stichwortverzeichnis